ChatGPT 시대에 묻는 교육의 미래

박정일(朴正一, 1962~) / 경기도교육연구원장

産
삼성SDS(주) Tokyo 사무소장

學
한양대학교 공대 Computer·Software학과 겸임교수

硏
경기도교육연구원장(現)
경제위기관리연구소 부소장

政
민주당 정보통신특별위원장
민주당 Ubiquitous 위원장

法
법무법인(유한) 클라스 고문 AI·빅데이터 클러스터 대표

委
4차 산업혁명전략위원회 민간위원
대한민국 AI Cluster Forum 위원
광주광역시 AI 법제도 선진화자문단 위원
광주광역시 인공지능(AI) 대표도시 만들기 추진위원
대통령직속 일자리위원회 중소벤처분과위원장(T/F장)

著
김치·스시·햄버거의 신 삼국지(2004)
미·중 패권 다툼과 일자리 전쟁(2018)
AI 한국경영 지도자 편 (2020)
AI 한국경영 정책제언 편 (2021)
AI 한국경영 국정운영 편 (2021)
AI 한국경영 미래비전 편 (2021)
AI 한국경영 뉴거버넌스 편 (2022)

ChatGPT 시대에 묻는 교육의 미래

AI Creator

박 정 일

경기도교육연구원 원장

휴먼필드
Human Field

머리말

ChatGPT가 몰고 올 미래교육 혁명

초거대 AI 기반 대화형 ChatGPT(Generative Pre-Tranied Transformer)의 등장으로 전 세계 교육계가 긴장하고 있다. ChatGPT가 몰고 온 미래교육 혁명은 에듀테크의 나아갈 방향을 제시할 뿐 아니라 교육 현장에서 ChatGPT를 활용하는 교수법에도 혁명적인 변화가 예측된다.

인터넷 시대는 지식을 검색하고 이해하는 것이 그 어느 때보다 쉬워졌다. 이제는 검색엔진 시대가 끝나고 창의적인 ChatGPT 시대가 도래했다. AI를 얼마나 잘 다루는지가 개인의 경쟁력이다. 학생들은 궁금한 것을 ChatGPT와 대화하고 문제를 해소하며 학습하게 될 것이다.

ChatGPT란 인간의 언어 패턴과 구조를 학습하는 텍스트를 생성하도록 디자인된 대규모 생성 AI 언어 모델이다. ChatGPT는 자연 언어 처리의 최첨단 기술을 활용하여 교실 현장에 대화식 수업이 가능하다. ChatGPT 활용을 통하여 손쉽게 과제와 숙제 등을 일정한 수준으로 작성할 수 있다.

문제는 ChatGPT가 우리 교육의 미래에 어떤 영향을 미치며 어떻게 활용할 것인가 여부이다. 가장 바람직한 교육은 최첨단 AI 기술을 활용하는 에듀테크의 하이테크(High-tech)와 인간 중심의 하이터치(High-touch)가 적절히 조화를 이루는 것이다.

　ChatGPT가 학생들의 학습을 향상하는 데 크게 이바지할 수 있다. ChatGPT는 어려운 질문을 해도 빠르게 답을 내놓기 때문이다. 여기서 놓쳐서는 안 되는 것이 왜 공부해야 하는지, 기초학력도 전혀 갖추지 못한 학생에게는 어떠한 기술도 학습 동기를 부여할 수 없다는 것이다.

　이에 필자는 ChatGPT 시대, 교육 현장에서 ChatGPT 활용에 대한 바람직한 방향을 다음과 같이 제시하고자 한다.

　첫째, 교사가 교실에서 ChatGPT를 활용해 어떻게 가르칠 것인가? 교사는 ChatGPT를 사용하여 개념 설명하기, 질문에 대해 상호 작용하기, 과제와 퀴즈 만들기 등을 할 수 있다. 다만 ChatGPT가 AI라는 점을 감안하여 올바른 지식을 습득하고 정확한 답변이 유도할 수 있도록 ChatGPT에 대한 이해도를 높여주어야 한다.

　교사가 ChatGPT 활용에 대한 학생의 관심과 호기심을 유지하기 위해서는, 적절한 재미 요소를 추가하여 수업을 진행하여야 한다. 예를 들어, ChatGPT와 학생 간의 대화를 게임 형식으로 진행하는 것이다. ChatGPT는 학생의 학습을 향상하는 매우 유용한 도구다.

둘째, 학생은 ChatGPT를 활용해서 어떻게 학습할 것인가? 개념 이해와 문제해결 방법을 배울 수 있다. 또한 연습문제 풀이, 실험 결과나 궁금증에 관해 질문하기, 문제 풀이에 대한 피드백 받기, 해결 과정이나 학습일지 작성이 가능하다. 학습에 대한 이해도를 높이기 위해서는 교사와 함께 학습하며 적극적으로 질문하고 대화해야 한다.

셋째, ChatGPT를 활용한 학생, 교사의 3자 학습도 가능하다. 학생이 문제를 해결하거나, 교사에게 질문하고 학습에 대한 피드백을 받을 때 ChatGPT를 사용해 3자 학습을 할 수 있다. 교사는 학생의 학습 상황을 파악하고, 학습 도움을 제공하며 필요한 경우 적절한 피드백을 제공하여야 한다.

ChatGPT를 통한 3자 학습을 효과적으로 활용하기 위해서는 교사의 지도와 학생의 적극적인 참여는 필수 요소다. 교사는 학생의 학습 상황을 파악하고, 학생에게 맞는 학습 지도를 제공하여 ChatGPT와 함께 학습을 진행할 수 있어야 하고 학생은 적극적으로 질문하고 교사와 함께 대화를 나누어야 한다.

넷째, ChatGPT를 활용한 개인 맞춤형 학습은 어떻게 해야 할까? ChatGPT는 기계학습과 자연어처리 기술을 기반으로 다양한 언어와 주제에 대해 습득하고 질문에 대답하는 대화형 AI 기술이다. 이러한 특성을 바탕으로 학생 개개인의 학습 능력, 성향, 상황 등을 파악하여야 맞춤형 교육이 가능하다.

ChatGPT는 학생이 틀리는 문제를 파악하여 개념을 재설명하고 연습문제를 제공해 맞춤형 학습효과를 극대화할 수 있다. 시각적 학습에는 이미지와 도표, 음성·영상 자료를 제공하여 학습 효과를 높일 수 있다. 여기에 개인 맞춤형 학습을 구현하기 위해서는 충분한 데이터와 교사의 지도가 함께 학습하는 환경을 갖춰야 한다.

다섯째, ChatGPT를 활용한 과제 및 숙제는 무엇을 다루어야 하나? 우선 ChatGPT를 통해 과제와 숙제를 어떻게 수행할 것인지 방법을 정의하여야 한다. 교사는 ChatGPT를 통해 과제나 숙제를 검토하고 필요한 경우 피드백과 보충 자료 등을 제공하여 학생의 이해도를 높여야 한다.

학생의 학습 능력과 수준에 맞게 문제의 난이도와 유형을 조정하고, 적절한 문제 유형을 선택하여 학생이 학습의 취지를 이해하고 수행할 수 있도록 도와야 한다.

교사는 ChatGPT를 활용해 학생과 대화·질문하고, 도움을 주며, 피드백을 제공해 학생이 적극적으로 참여할 수 있도록 유도하면서 개인정보 보호와 인터넷 사용에 대한 보안 조치로 안전하게 학습할 수 있도록 하여야 한다.

여섯째, ChatGPT가 교사와 학생의 보조적 역할을 어떻게 수행할 수 있을까? 물론 학습 자료 및 문제를 제공할 수 있다. 질문에 대한 답변을 통해 개별 학습 지도가 가능하다.

학습 상황을 모니터링하여 교사에게 보고할 수 있다. ChatGPT가 교사의 보조 튜터를 수행하여 학생의 학습 효과를 높일 수 있는 중요한 수단이다.

ChatGPT가 학생의 보조적 역할을 할 수 있다. 학생은 ChatGPT와 대화를 통해 자신의 학습 상황을 파악하고, 필요한 도움을 받아 자신의 학습을 더욱 발전시킬 수 있다.

학생은 적극적으로 ChatGPT를 활용하여 자신의 학습에 관한 질문이나 요구를 제기할 수 있으며, 이를 통해 더욱 효과적인 학습이 가능해진다.

일곱째, ChatGPT를 효과적으로 활용하기 위해 갖춰야 할 역량은 무엇인가? ChatGPT를 제대로 사용하기 위해서는 AI와 자연어처리에 대한 기본적 컴퓨터 및 소프트웨어 사용 능력을 갖춰야 한다.

학습 자료를 수집하고 분석하여 개인화된 학습 계획을 수립하는 경우 데이터 분석 역량을 갖춰야 한다. 이는 데이터 분석 도구와 기법을 이해하고 활용할 수 있는 능력을 의미한다.

문제를 정확하게 파악하고 적절한 해결책을 도출할 수 있는 창의적 문제해결 능력이 필요하다. 디지털 리터러시, 자기 주도적 학습역량과 비판적 사고, 협업 역량도 갖춰야 한다.

여덟째, ChatGPT 활용에 있어 학생은 문제해결 능력을 기르기 위해 활용해야지 ChatGPT를 학습의 대안으로 사용하지 않도록 주의해야 한다. 학생은 적극적으로 교사의 지도와 지원을 받으며, 적절한 교육 프로그램을 선택하여 학습을 수행하여야 한다.

학생은 학습 목표와 학습 방법을 명확하게 설정하고, 꾸준한 학습과 반복 학습을 통해 자신의 학습 능력을 높여야 한다. 이러한 노력과 ChatGPT의 지원이 결합하면, 학생은 더 효과적이고 개인화된 학습을 수행할 수 있게 된다.

마지막으로 교사는 올바르게 활용할 수 있는 수업을 제공해야 한다. 특히 교사는 제시된 대답에 이런 오류와 문제가 있을 수 있으니 100% 신뢰하지 말고 근거가 되는 논문이나 자료를 통해 진위를 확인해야 함을 알려주어야 한다.

학생이 제출한 보고서를 어떻게 작성했는지, 어디서 자료를 수집했는지, 전체의 핵심은 무엇인지 등 다양한 질문을 던지는 구두 평가도 도입해야 한다.

ChatGPT는 교사와 학생이 교실 현장에서 대화 및 개별화한 학습 환경을 촉진한다. 향후 학교와 학생·교사가 ChatGPT를 활용하기 위해 무엇을 어떻게 할 수 있는지 교육과정을 마련해야 한다.

AI ChatGPT 시대는 정해진 정답을 선택하는 교육에서 질문을 잘하는 교육으로 트렌드가 변하고 있다.

ChatGPT가 미래교육 혁명을 일으키고 있다. 교육개혁의 성공을 위해 지금이 ChatGPT를 교실학습에 활용하여야 할 시점이다. 대한민국의 미래는 ChatGPT를 어떻게 잘 활용하고 무엇을 어떻게 가르칠 것인가에 달려 있다〈ifsPost 2023.04.20.〉.

"이 나라는 털끝 하나라도 병들지 않은 것이 없다. 지금 당장 개혁하지 않으면 나라가 망하고 나서야 그칠 것이다."

200년 전 조선시대 정약용이 《경세유표(經世遺表)》 서문에 쓴 경고는 작금의 우리 현실에 딱 맞는다. 새겨들어야 한다.

이 책은 이미 출간된 AI 한국경영 지도자 편, 정책제언 편, 국정운영 편, 미래 비전 편, 뉴거버넌스 편에 이어 6번째인 미래교육 편이다. AI 시대, ChatGPT가 몰고 올 미래교육 혁명 물결에 한국교육의 나아갈 방향을 제시했다. 집필 의도는 AI 시대에 한국 교육개혁에 성공하여야 '2045년 AI G3 도약'이 가능하다는 점을 강조하기 위해서다.

1부는 한국 교육의 문제점과 해결책을 ChatGPT에 묻고 '한국교육이 묻고 ChatGPT가 답하다'로 구성했다. 1장은 교육 전반으로 문해력, 한국 교육, 교육환경에 관한 내용을 담았다. 2장은 미래교육 담론에 관한 것으로 공교육, 미래교육, 에듀테크, AI 교육, 선진 해외 교육에 관해 소개했다.

2부는 '교육개혁 성공에 나라 운명 걸렸다'라는 주제로 1장 미래교육, 2장 교육개혁 성공의 길을 제시했다. 3부는 미래교육 정책제언으로 디지털 교과서 플랫폼 구축, 학폭 예방 상담 플랫폼 AI 챗봇 솔루션, 전국학력연합평가 성적 유출 해결책, 2045년 AI G3 도약의 길, 랜섬웨어 공격에 학교가 위험하다, ChatGPT가 몰고 올 미래교육 혁명, ChatGPT 시대의 교육개혁, 정책구매제 성공하기 위한 조건, 모두의 맞춤형 교육을 위한 AI 디지털 교과서 개발에 대해 정책제언을 제안했다.

책을 집필하면서 세계적인 석학들의 좋은 글을 인용하거나 참고했음을 밝힌다. 여러 조각을 합쳐 새로운 그림을 만들 수 있다는 생각에서다. 널리 이해해 주시기를 바란다. 부디 이 책을 읽고 교육개혁에 성공한 대통령이 나오기를 간절히 바란다.

2023년 4월 23일
지은이 朴正一

목차

학교에서 디지털 시민의식을 어떻게 교육할 수 있을까?
급변하는 교육환경 속에서 최선의 교육 시스템은 무엇일까?
IB 교육이 에듀테크 접목에 최선의 방안과 도입 시 장점 및 단점은?
교육환경에 따라 커리큘럼도 변경되는데 교육의 일관성을 유지할 수 있을까?
빅데이터, 인공지능 등을 기존 교육으로 어떻게 가르치고 그 정보를 전달할까?

학교의 보안을 어떻게 강화해야 할까?
에듀테크를 통해 교육에 공정성을 더해나갈 방법은?
AI를 사용하는 방법을 학습시키는 교과과정이 필요할까?
교육부 장관이나 교육감으로서 갖추어야 할 역량은 무엇일까?
AI에 의해 대체되어 사라질 직업들에 대한 교육을 계속 이어 나가야 할까?
이른 나이에 디지털 콘텐츠를 접하는 것의 문제점과 이를 해결할 방안은?
에듀테크로 교육격차가 심해지지 않을까? 메타버스와 소셜 미디어 활용은?
교실 수업방식이 생존할 수 있을까. VR·AR을 활용한 학교 교육은 어떤 모습일까?

AI 교육 시대에 교실이 필요할까?
AI 교육이 교사를 완전히 대체하는 게 가능할까?
에듀테크를 통해 교육에 공정성을 더해나갈 방법은?
학생 자율성을 높이는 AI 교육 방법이 무엇이 있을까?
교육격차 해소에 에듀테크가 어떤 역할을 하게 될까?
학교 현장에 지금 당장 AI를 어떻게 활용할 수 있을까?
AI 교육을 제공해주는 교사에게 필요한 역량은 무엇일까?
AI와 교사가 함께 협력하는 교육의 모습은 어떤 형태일까?
AI 교육이 교육에 대한 편의성과 접근성을 높여줄 수 있을까?
에듀테크 기업의 교육 시장 팽창화 문제를 어떻게 바라봐야 할까?

AI 교육을 활용할 수 있는 기존 학교 교육의 분야에는 무엇이 있을까?

원격수업을 바탕으로 새로운 에듀테크가 공교육을 대체할 수 있을까?

AI 기술을 통해 학생의 학습 집중력을 향상할 방법이 무엇이 있을까?

AI를 통한 학교 교육의 대체가 가능할까? 그렇다면 그 장, 단점은 무엇일까?

초중등교육에서 AI 기반의 학습 플랫폼을 어떻게 구축하고 사용할 수 있을까?

디지털 역량이 부족한 교사들이 AI를 활용한 디지털 교육을 진행해볼 수 있을까?

수능의 문제점, AI·에듀테크의 발전이 수능시험에 어떤 영향을 끼칠 수 있을까?

2부. 교육개혁 성공에 나라 운명이 걸렸다

3부. 교육개혁 정책제언

제1부

●

한
국
교
육
이

묻
고

ChatGPT
가

답
하
다

1. 문해력

Q. 기초 문해력의 개념은?

【ChatGPT】

기초 문해력이란 개인이 일상생활에서 필요한 기본적인 읽기, 쓰기, 말하기, 듣기 능력을 의미한다. 이 능력은 개인이 사회와 커뮤니케이션을 원활하게 이어갈 수 있게 해주며, 정보를 이해하고 해석하는 데 필수적이다. 기초 문해력은 다음과 같은 주요 요소들로 구성되어 있다.

읽기

　글자와 단어를 인식하고 문장을 이해할 수 있는 능력이다. 이를 통해 다양한 정보를 획득하고 지식을 쌓을 수 있다.

쓰기

생각과 정보를 글로 표현하는 능력이다. 이를 통해 자신의 의견을 전달하고, 다른 사람과 의사소통을 할 수 있다.

말하기

생각과 정보를 구두로 표현하는 능력이다. 이를 통해 다른 사람과 상호작용을 하고, 의견을 주고받을 수 있다. 말하기 능력은 어휘력, 발음, 문법, 청자에게 맞춘 언어 사용 등을 포함한다.

듣기

다른 사람이 말하는 것을 이해하고 해석하는 능력이다. 듣기 능력은 발화자의 말을 정확하게 인식하고, 그 내용을 이해하며, 적절한 반응을 하는 데 필요한 역량이다.

기초 문해력은 개인이 사회에서 독립적으로 생활하고, 다른 사람들과 소통하며 정보를 습득하고 활용할 수 있는 기본적인 역량을 갖추는 데 중요한 역할을 한다. 이런 기초 문해력은 초등교육 과정에서 중요한 교육 목표로 취급되며, 국가별로 그 수준과 기준은 다소 차이가 있을 수 있다. 그러나 일반적으로 기초 문해력은 모든 사람이 갖추어야 할 필수적인 능력으로 간주한다.

Q. 초등학생들의 문해력 실태는?

【ChatGPT】
일반적으로 한국의 초등학교 교육은 학생들의 기본적인 읽기, 쓰기, 말하기, 듣기 능력을 향상하기 위해 교육을 집중하고 있다. 이를 위해 교과서와 다양한 교재를 사용하며, 학생들이 문해력을 향상할 수 있는 다양한 활동을 경험하게 한다.

한국에서는 PIRLS(Progress in International Reading Literacy Study)와 같은 국제적인 평가에서도 높은 성적을 거두며, 학생들의 문해력 수준이 전 세계적으로 높게 평가되고 있다.

그러나 최근 한국 초등학생들의 문해력 실태에 대한 업데이트된 정보를 얻으려면 한국 교육부 또는 교육 관련 보고서 및 조사를 참조하는 것이 좋다. 한국에서는 교육과정이 지속해서 개선되고 있으므로, 최신 정보를 얻는 것이 중요하다.

이러한 교육 개선은 학생들의 문해력 향상을 지속해서 지원하기 위한 것이다.

한국 교육부는 국가적 수준에서 학생들의 학업 성취도를 평가하는 전국연합학력평가를 시행하고 있으며, 이를 통해 학생들의 문해력 수준을 확인하고 교육 정책을 개선하기도 한다. 또한, 학교별로도 다양한 시험과 평가를 통해 학생들의 문해력을 체크하고, 개별 학생의 능력 향상을 도모하기 위한 지원을 제공한다.

한편, 한국의 초등학교 교육은 문해력뿐만 아니라 다양한 능력을 길러주는 것을 목표로 하고 있다. 예를 들어 창의력, 협력, 비판적 사고 등의 핵심 역량을 키우는 데 중점을 두고 교육을 진행하고 있다. 이를 위해 프로젝트 기반 학습, 토론, 실습 등 다양한 학습 방법을 활용하여 학생들이 적극적으로 참여하고 경험할 수 있도록 돕는다.

또한, 학교 밖의 다양한 학습 기회도 제공되고 있다. 도서관, 문화센터, 체험학습 등을 통해 학생들이 문해력을 실제 생활에 접목할 수 있게 지원하며, 이를 통해 학생들의 문해력 수준을 더욱 향상하려고 노력하고 있다. 이 외에도, 학교와 가정이 긴밀하게 협력하여 학생들의 문해력 발전을 도모하기 위한 다양한 프로그램과 행사가 진행되고 있다. 부모와 교사 간의 소통을 강화하여 학생들에게 적절한 교육 지원을 제공하려는 노력이 이루어지고 있다.

요약하면, 한국의 초등학생들은 교육부와 학교, 그리고 가정의 지원을 받아 문해력을 지속해서 향상하고 있다. 국제적인 평가에서도 높은 성적을 거두며 전 세계적으로 높은 수준의 문해력을 갖추고 있다고 평가받고 있다. 그러나 최근의 한국 초등학생들의 문해력 실태에 대한 구체적인 정보를 얻으려면 한국 교육부 및 관련 연구기관의 보고서와 조사 결과를 참조하는 것이 좋다.

Q. 기초 문해력을 증진할 방안이 무엇이 있을까?

【ChatGPT】

기초 문해력을 증진하기 위한 다양한 방안이 있다. 이러한 방안은 학습자의 나이, 배경, 학습 목표에 따라 다르게 적용될 수 있다. 다음은 기초 문해력을 향상하는 데 도움이 될 수 있는 몇 가지 방안이다.

일상에서의 독서

꾸준한 독서는 어휘력, 문장 구조, 표현력 등 다양한 영역에서 문해력을 향상할 수 있다. 다양한 장르의 책, 기사, 블로그 글 등을 읽으면서 다양한 언어 환경에 노출되도록 하는 것이 중요하다.

글쓰기 연습

일기, 감상문, 이메일, 소설 등 다양한 형태의 글쓰기를 통해 쓰기 능력을 향상할 수 있다. 글쓰기를 할 때는 문법, 철자, 논리적인 구조 등을 고려하며, 정확하고 명확한 표현을 사용하려고 노력하는 것이 중요하다.

대화와 토론

친구, 가족, 동료와의 대화를 통해 말하기와 듣기 능력을 개선할 수 있다. 다양한 주제를 토론하거나 의견을 교환하면서 생각을 정리하고 전달하는 방법을 연습할 수 있다.

언어 교육 프로그램 활용

전문 교육 기관이나 온라인 코스 등을 통해 문해력을 향상하는 교육 프로그램을 찾아 참여할 수 있다. 이를 통해 기본 문법, 어휘, 작문 기술 등을 체계적으로 배울 수 있다.

동료 학습 및 멘토링

함께 공부하는 동료들과 정보를 공유하고, 서로의 작품을 검토하며 피드백을 주고받는 것이 도움이 된다. 또한, 문해력이 높은 사람을 찾아 멘토링을 받거나 그들과 함께 학습하는 것도 효과적일 수 있다.

다양한 매체 활용

오디오북, 팟캐스트, 동영상 등 다양한 매체를 활용하여 문해력을 향상할 수 있다. 이를 통해 서로 다른 맥락에서 언어를 사용하는 방법을 경험하고, 말하기와 듣기 능력을 다양한 상황에 맞게 발전시킬 수 있다.

문학 작품 읽기

문학 작품을 읽으면서 작가의 언어 표현, 문장 구조, 이야기 전개 등을 분석하며 문해력을 키울 수 있다. 이를 통해 언어 사용의 다양성과 풍부함을 느끼고, 창의적이고 효과적인 표현 방법을 배울 수 있다.

언어 게임 및 퍼즐

크로스 워드 퍼즐, 스크래블, 단어 추측 게임 등 다양한 언어 게임을 통해 즐겁게 문해력을 향상할 수 있다. 이러한 게임들은 어휘력을 높이고, 철자, 문법 등을 자연스럽게 연습할 좋은 기회를 제공한다.

피드백 받기

교사, 동료, 가족 등으로부터 글쓰기나 말하기 작품에 대한 피드백을 받는 것이 중요하다. 이를 통해 개선할 부분을 알아내고, 문제점을 극복하며 문해력을 발전시킬 수 있다.

꾸준한 연습과 반복

문해력 향상은 꾸준한 연습과 반복을 통해 이루어진다. 매일 일정 시간을 할애하여 독서, 글쓰기, 대화 등을 지속해서 연습하면서 능숙함을 키워가는 것이 중요하다. 또한, 실패를 두려워하지 않고 도전하는 자세를 갖추는 것도 큰 도움이 된다.

이러한 방안들은 개인의 성향, 학습 목표, 사용 언어 등에 따라 조절되어야 한다. 무엇보다 중요한 것은 자신에게 맞는 학습 방법을 찾아 적용하고, 지속해서 노력하는 것이다. 이를 통해 기초 문해력을 증진하고, 정보를 습득하고 활용하는 데 필요한 능력을 갖출 수 있다.

Q. 기초 글쓰기와 말하기 능력을 향상할 학교 교육의 방안이 무엇이 있을까?

【ChatGPT】

문장 구조와 표현력 강화

　문장 구조와 표현력은 기초 글쓰기와 말하기 능력의 핵심이다. 이를 위해 학생들에게 다양한 문장 구조를 학습시키고, 문장 간의 관계를 파악하는 능력을 강화해야 한다. 또한, 학생들이 자기 생각을 명확하게 표현할 수 있도록 다양한 표현 방법을 익히고, 표현력을 강화할 수 있는 활동을 제공해야 한다.

글쓰기와 말하기 실습

　기초 글쓰기와 말하기 능력은 반복적인 실습으로 향상된다. 따라서, 학교에서는 글쓰기와 말하기 실습을 적극적으로 진행해야 한다. 이를 위해 학생들에게 다양한 주제로 글쓰기나 발표 연습을 시켜주고, 피드백을 제공하여 학생들의 실력을 향상해야 한다.

독서 교육 강화

독서는 기초 글쓰기와 말하기 능력을 향상하는 데 매우 중요한 역할을 한다. 학교에서는 다양한 독서 교육 프로그램을 운영하고, 학생들이 적극적으로 독서 활동에 참여할 수 있도록 지원해야 한다. 이를 통해 학생들의 언어 능력과 독해 능력을 함께 강화할 수 있다.

진로교육과의 연계

진로 교육은 학생들이 미래에 대한 꿈과 목표를 가지고 적극적으로 노력할 수 있도록 돕는 중요한 요소이다. 학교에서는 진로교육과 기초 글쓰기와 말하기 능력 강화를 연계하여, 학생들이 자신의 미래를 생각하며 적극적으로 글쓰기와 말하기 능력을 향상할 수 있도록 지원해야 한다.

교사의 역할 강화

교사는 학생들의 기초 글쓰기와 말하기 능력 강화를 위한 중요한 역할을 한다. 따라서, 교사들은 자신이 가르치는 과목에 대한 전문성을 높이고, 학생들의 글쓰기와 말하기 능력에 대한 피드백을 제공하며, 학생들의 흥미와 참여를 유도할 수 있는 창의적인 교수법을 연구하고 적용해야 한다. 또한, 교사들은 학생들의 글쓰기와 말하기 능력을 개별적으로 파악하고, 그에 따른 맞춤형 지도를 제공해야 한다.

다양한 교육자원 활용

학교에서는 다양한 교육자원을 활용하여 학생들의 기초 글쓰기와 말하기 능력을 향상해야 한다. 예를 들어, 학생들이 글쓰기나 말하기를 실습할 때, 다양한 교육자원을 활용하여 학생들의 창의성과 상상력을 자극할 수 있다. 또한, 학생들의 관심사나 흥미를 바탕으로 다양한 주제로 글쓰기나 발표 연습을 시켜주는 것도 중요하다.

기술적 지원 및 교육

학생들의 기초 글쓰기와 말하기 능력을 향상하기 위해서는 디지털 도구를 적극적으로 활용할 필요가 있다. 학교에서는 학생들이 쉽게 사용할 수 있는 기술적인 지원을 제공하고, 교육을 통해 디지털 도구를 적극적으로 활용하는 방법을 가르쳐야 한다. 이를 통해 학생들은 다양한 디지털 도구를 활용하여 자신의 글쓰기와 말하기 능력을 향상할 수 있다.

문화적 배경 고려

한국에서는 글쓰기와 말하기 능력을 향상하는 데에 문화적인 배경이 큰 영향을 미친다. 따라서, 학교에서는 학생들의 문화적 배경을 고려하며, 다양한 문화적인 차이를 이해하고 존중하는 교육을 제공해야 한다. 또한, 학생들이 다양한 문화적 배경을 갖는 사람들과 자연스럽게 대화하고 의견을 교환할 기회를 제공하여, 글쓰기와 말하기 능력을 향상하는 데 도움이 되도록 해야 한다.

학생 중심의 교육 철학 적용

학교에서는 학생들이 적극적으로 참여하고 자신의 의견을 표현할 수 있는 환경을 조성해야 한다. 이를 위해 학생들이 자유롭게 의사소통하고 토론할 수 있는 시간과 장소를 마련하고, 학생들이 자신의 의견을 적극적으로 표현하고 서로의 의견을 존중하는 문화를 만들어야 한다. 학교에서는 학생들의 관심과 필요에 따라 글쓰기와 말하기 교육 프로그램을 개발하고, 학생들이 자신의 관심사나 흥미를 바탕으로 글쓰기나 발표 연습을 할 수 있는 기회를 제공해야 한다. 이를 통해 학생들은 자기 능력을 끌어올리고, 새로운 도전에도 적극적으로 도전할 수 있는 자신감을 얻을 수 있다.

　이러한 노력이 모두 적극적으로 이루어진다면, 학생들은 더 효과적으로 글쓰기와 말하기 능력을 향상할 수 있을 것이다.

2. 한국 교육

Q. 한국 교육의 문제점은?

【ChatGPT】
과도한 학습 부담

　한국의 교육 체제는 시험 성적과 학력 순위에 대한 경쟁을 강조하는 구조이다. 이에 따라 학생들은 과도한 학습 부담을 느끼고, 스트레스를 받는 경우가 많다.

교사들의 교육 및 업무 환경 개선 필요

　교사들은 과도한 교육 업무 부담과 불필요한 업무에 시간을 낭비하는 경우가 많다. 또한, 교사들의 직업 만족도가 낮아지는 문제가 발생하고 있다. 이에 따라 교사들의 교육 및 업무 환경 개선이 필요하다.

창의성 부족

　한국의 교육 체제는 문제해결 능력과 창의성을 강조하지 않고, 단순한 정보 전달에 초점을 맞추고 있다. 이에 따라 학생들의 창의성 부족 문제가 발생하고 있다.

교육격차

한국에서는 지역, 경제적인 이유로 인해 교육격차가 큰 문제가 있다. 이에 따라 교육 기회 및 수준의 평등성 확보가 필요하다.

학교폭력 및 학교 내 교육환경 문제

학교폭력 문제가 지속해서 발생하고 있으며, 학생들의 스트레스와 정서적 문제 등 학교 내 교육환경 문제가 많다.

비 학습 분야 교육의 부족

한국의 교육 체제는 학생들의 전공 분야 학습에 초점을 맞추어, 체육, 예술, 문화 등 비 학습 분야의 교육이 부족한 것으로 지적된다.

이러한 문제점들이 해결되지 않으면, 한국의 교육 체제는 지속적인 발전을 이루어내기 어렵다. 따라서 이러한 문제점들에 대한 대안적인 해결책들이 필요하다.

Q. 한국 교육을 어떻게 바꿔야 할까?

【ChatGPT】

문제해결 능력과 창의성 강화

한국 교육에서는 시험과 순위, 성적 등에 대한 경쟁을 강조하고 있다. 이러한 구조를 바꿔서, 문제해결 능력과 창의성을 강화할 필요가 있다. 예를 들어, 학생들에게 창의성을 발휘할 수 있는 다양한 교육 프로그램을 제공하고, 문제해결 능력을 중심으로 한 학습 방법을 도입하는 등의 방법이 필요하다.

교사들의 교육 및 업무 환경 개선

교사들의 교육 및 업무 환경을 개선하여, 교사들의 역량을 향상하고, 학생들의 교육 수준 향상에 이바지할 수 있도록 지원해야한다. 이를 위해서는 교사들의 교육 및 직무 수행에 필요한 자원을 제공하고, 교사들의 직업 만족도를 높이는 제도를 마련하는 등의 방법이 필요하다.

비 학습 분야 교육 강화

학생들의 체육, 예술, 문화 등 비 학습 분야 교육을 강화하여, 학생들의 다양한 잠재력을 발굴할 수 있도록 지원해야 한다. 이를 위해서는 다양한 비 학습 분야 교육 프로그램을 제공하고, 학생들의 창의성과 자발성을 존중하는 문화를 조성하는 등의 방법이 필요하다.

교육격차 해소

교육격차를 해소하기 위해서는 교육 기회 및 수준의 평등성을 확보해야 한다. 이를 위해서는 지역, 경제적인 이유로 교육받지 못하는 학생들을 위한 교육 지원 시스템을 구축하고, 교육환경을 개선하는 등의 방법이 필요하다.

학교 내 폭력 및 교육환경 문제 개선

학교 내 폭력 및 교육환경 문제를 해결하기 위해서는 학교 내 폭력 예방 교육과 학생들의 정서적 지원 프로그램을 강화하는 등의 방법이 필요하다.

위와 같은 방안들을 통해 한국 교육을 변화시키기 위해서는 교육 관계자들의 협력과 노력이 필요하다. 특히, 교육 분야에서 일하는 교사, 교육감, 교육부 등의 전문가들은 적극적으로 교육 체제의 문제점을 인식하고, 이를 해결하기 위한 대안적인 방안을 모색해야 한다.

학생들과 학부모들도 교육 체제를 바꾸기 위한 노력에 적극적으로 참여해야 한다. 학생들과 학부모들은 자신들의 교육 수준과 삶의 질을 높일 수 있는 교육 체제를 위해, 교육 체제의 문제점을 인식하고, 이를 해결할 방법을 모색하는 노력을 해야 한다.

마지막으로, 교육 체제를 변화시키기 위해서는 국가 전반적인 시각과 사회적인 문화적 변화가 필요하다. 교육 체제는 사회 전반적인 구조와 문화적 요소들과 상호작용하며, 서로 영향을 미치기 때문이다. 따라서, 국가와 사회가 교육 체제를 개혁하고 변화시키는 것에 대해 열린 마음과 적극적인 지원이 필요하다.

Q. 학교폭력 갈등을 중재할 방안은?

【ChatGPT】

중재 방안은 상황, 학생들의 나이, 그리고 학교의 정책에 따라 달라질 수 있지만, 아래는 일반적인 학교폭력 갈등 중재 방안이다.

즉시 대응

폭력이 발생하면 교사나 관리자가 즉시 개입하여 상황을 진정시키고, 학생들의 안전을 보장해야 한다.

상황 파악

교사나 관리자는 사건의 경위를 파악하기 위해 관련 학생들과 상담하고, 목격자나 다른 정보를 수집해야 한다. 이를 통해 사건의 원인과 배경을 이해할 수 있다.

개별 상담

가해자와 피해자 모두와 개별 상담을 진행하여 그들의 입장과 감정을 듣고, 적절한 지원과 조언을 제공해야 한다. 이 과정에서 학생들이 겪고 있는 문제나 갈등을 더 잘 이해하고, 개인적인 상황에 맞춘 도움을 줄 수 있다.

중재 및 조정

가해자와 피해자가 함께 참여하는 중재 회의를 통해, 양측의 입장을 소통하고 이해하도록 돕는다. 중재자는 객관적이고 공정한 입장에서 양측이 서로 합의에 도달할 수 있는 해결책을 찾도록 지원한다.

학교폭력 예방 프로그램

학교폭력 예방 교육이나 워크숍을 실시하여 학생들에게 폭력의 위험성과 올바른 대인관계를 가르치는 것이 중요하다. 이러한 프로그램을 통해 학생들은 서로 존중하고 배려하는 태도를 배울 수 있다.

부모와 지역사회 참여

부모와 지역사회 구성원들의 참여와 협력을 통해 학교폭력 문제에 대한 인식을 높이고, 학교와 가정이 함께 문제를 해결하는 방안을 모색할 수 있다. 부모와 교사회의, 학교폭력 예방 위원회, 지역사회 프로그램 등을 통해 정보 공유와 협력을 강화한다.

학교 정책 개선

학교폭력에 대한 명확한 규정과 제재 방안을 마련하고, 학생들에게 이를 잘 전달해야 한다. 또한, 교사들이 학교폭력 감지 및 대처 방법을 배울 수 있는 교육 프로그램을 제공하는 것이 중요하다.

감시 및 모니터링

학교 내 감시 카메라 설치, 학생들의 행동을 주기적으로 모니터링하고, 학교폭력 사례를 신속하게 보고할 수 있는 체계를 구축하여 학교 내 폭력 발생을 최소화할 수 있도록 노력한다. 이를 통해 학교폭력 사례를 조기에 발견하고 적절히 조처할 수 있다.

정서 지원 서비스 제공

심리상담사, 사회복지사 등 전문가를 통해 정서 지원 서비스를 제공하여, 학교폭력에 연루된 학생들이 감정적 문제를 극복하고 회복할 수 있도록 돕는다.

포용적 학교문화 조성

학교 내에서 서로 다른 배경과 경험을 가진 학생들이 서로 존중하고 이해하는 문화를 조성하는 것이 중요하다. 다양성을 존중하고 포용하는 학교문화를 구축하기 위해 다양한 활동과 프로그램을 통해 학생들이 서로 이해하고 협력하는 능력을 기를 수 있도록 지원한다.

그룹 상담 및 워크숍

가해자, 피해자, 목격자 등이 참여하는 그룹 상담이나 워크숍을 통해 서로의 감정과 생각을 공유하고, 폭력을 예방하고 해결하는 방법을 함께 배울 수 있다. 이러한 활동을 통해 학생들은 대인관계 능력, 의사소통, 충돌 해결 능력 등을 향상할 수 있다.

신고 및 익명 제보 시스템 구축

학교폭력이 발생했을 때 학생들이 안전하게 신고할 수 있는 경로를 마련해야 한다. 익명 제보 시스템을 활용하면 학생들이 보복 우려 없이 폭력 사례를 제보할 수 있고, 책임자는 신속하게 대응할 수 있다.

학생 중심의 의사결정

학생들이 학교폭력 예방 및 대응에 관한 의사결정 과정에 참여할 수 있도록 기회를 제공해야 한다. 학생 의회, 학교폭력 예방 위원회 등을 통해 학생들이 자신들의 의견을 표현하고, 학교폭력 문제해결에 관여하게 함으로써 학생들이 책임감을 느끼고 주도적으로 참여할 수 있게 된다.

학교-가정-지역사회 협력 강화

학교폭력 해결을 위해 학교, 가정, 지역사회가 협력하여 지원 및 자원을 공유하고, 공동으로 문제에 대처하는 방안을 모색한다. 이를 통해 학교폭력 예방 및 대응력을 향상할 수 있다.

이러한 다양한 방안을 통해 학교폭력 갈등을 중재하고 예방할 수 있다. 가장 중요한 것은 학교, 학생, 가정, 그리고 지역사회가 함께 노력하여 안전하고 건강한 학교 환경을 조성하는 것이다.

Q. 현재 가장 필요 없는 교육은 무엇일까?

【ChatGPT】

교육의 필요성은 개인에 따라 다를 수 있으며, 모든 교육이 언제나 필요하다는 단정적인 답은 존재하지 않는다. 그러나, 현재 시대적 환경과 추세를 고려해보면, 다음과 같은 교육은 상대적으로 덜 필요하다고 생각할 수 있다.

구시대적인 교육

과거에는 일정한 시대에 적합한 지식과 기술이 존재했지만, 현재는 지식과 기술의 변화가 빠르므로 과거의 지식과 기술을 중점으로 다루는 교육은 상대적으로 덜 필요하다.

일방적인 강의 중심 교육

과거에는 강사가 모든 지식을 전수하고 학생들이 수동적으로 받아들이는 교육이 일반적이었다. 그러나 현재는 학생 중심의 참여형 교육이 중요시되고 있으며, 상호작용과 문제해결 능력을 키우는 교육이 필요하다.

성별이나 인종, 출신 등에 대한 편견을 가진 교육

다양성과 포용적인 교육은 현재 사회의 요구사항 중 하나이다. 이에 따라 성별이나 인종, 출신 등에 대한 편견이 있는 교육은 덜 필요하다고 생각할 수 있다.

지엽적인 교육

현재는 지리적 경계와 상관없이 국제적으로 서로 연결된 세상이 되었다. 이에 따라 지엽적인 교육보다는 국제적인 시각을 반영한 교육이 필요하다.

하지만 이러한 교육이 전혀 필요하지 않다는 것은 아니다. 모든 교육은 시대적, 지역적 맥락과 교육을 받는 학생들의 특성을 고려하여 제공되어야 하며, 교육이나 학문에 대한 평가는 상황에 따라서 변할 수 있다.

Q. 한국 교육이 길러내고자 하는 인재상은 어떤 모습인가?

【ChatGPT】

창의적인 문제해결 능력을 갖춘 인재

한국 교육에서는 학생들이 단순한 지식 습득에 그치지 않고, 창의적인 문제해결 능력을 갖출 수 있는 인재로 길러내고자 한다. 이를 위해, 학생들에게 다양한 문제 상황에 대한 도전과 실험, 문제해결 등을 경험할 수 있는 교육환경을 제공하고 있다.

글로벌 역량을 갖춘 인재

한국 교육에서는 글로벌 시대에 부응할 수 있는 인재로 길러내고자 한다. 이를 위해, 영어 교육에 대한 비중을 높이고, 국제적인 교류와 경험을 증진하는 교육 프로그램을 운영하고 있다.

자기 주도적 학습 능력을 갖춘 인재

한국 교육에서는 학생들이 자기 주도적인 학습 능력을 갖출 수 있는 인재로 길러내고자 한다. 이를 위해, 학생들의 참여와 자기 주도적인 학습에 중점을 두는 교육 방법을 적용하고 있다.

윤리적 가치와 도덕적 인성을 갖춘 인재

한국 교육에서는 학생들이 윤리적 가치와 도덕적 인성을 갖춘 인재로 길러내고자 한다. 이를 위해, 학생들에게 윤리와 도덕에 대한 교육을 진행하고, 선생님들과 학생 모두 모범적인 태도를 보여주는 것이 중요하다.

다양한 경험과 역량을 갖춘 인재

한국 교육에서는 학생들이 다양한 경험과 역량을 갖춘 인재로 길러내고자 한다. 이를 위해, 학생들에게 예술, 스포츠, 봉사활동 등 다양한 활동과 경험을 제공하고 있다.

협력과 소통 능력을 갖춘 인재

한국 교육에서는 학생들이 협력과 소통 능력을 갖춘 인재로 길러내고자 한다. 이를 위해, 학생들이 팀 프로젝트, 그룹 활동, 토론 등을 통해 다른 사람들과의 협력과 소통을 향상할 수 있는 교육 방법을 적용하고 있다.

지속적인 학습과 발전을 추구하는 인재

한국 교육에서는 학생들이 지속적인 학습과 발전을 추구하는 인재로 길러내고자 한다. 이를 위해, 학생들에게 학습에 대한 책임감을 느끼게 하고, 학생들의 성취를 인정하고 격려하는 교육 방법을 적용하고 있다.

공동체의 일원으로서 역할을 할 수 있는 인재

한국 교육에서는 학생들이 공동체의 일원으로서 역할을 할 수 있는 인재로 길러내고자 한다. 이를 위해, 학생들에게 사회적 책임감을 심어주고, 공동체의 가치와 중요성에 대해 이해시키는 교육 방법을 적용하고 있다.

문제해결 능력을 갖춘 인재

21세기에는 단순한 지식 습득보다는 문제해결 능력을 갖춘 인재가 필요하다. 이를 위해, 학생들에게 다양한 문제 상황에 대한 도전과 실험, 문제해결 등을 경험할 수 있는 교육환경을 제공하는 것이 중요하다.

적극적인 도전과 실패에 대한 대처 능력을 갖춘 인재

한국 교육에서는 학생들이 적극적인 도전과 실패에 대한 대처 능력을 갖춘 인재로 길러내야 한다. 이를 위해, 학생들이 실패에 대한 긍정적인 태도를 보이게 하고, 도전과 실패를 통해 성장할 기회를 제공하는 교육 방법을 적용하는 것이 중요하다.

한국 교육에서는 위와 같은 인재상을 중요시하고 있다. 이를 위해, 교육 방법을 지속해서 개선하고, 학생들의 다양한 역량을 발휘할 수 있는 교육환경을 제공하는 노력이 필요하다.

Q. 늘어나는 빈 교실을 어떻게 교육적으로 활용할 수 있을까?

【ChatGPT】

학생들의 자율학습 공간으로 활용

빈 교실을 학생들의 자율학습 공간으로 활용할 수 있다. 학생들은 자신이 원하는 공부를 자율적으로 할 수 있는 환경을 제공받게 되며, 자신만의 학습방식을 찾아 나갈 수 있다.

독서실로 활용

빈 교실을 독서실로 활용할 수 있다. 학생들은 독서를 하면서 스스로 생각하고, 창의적인 아이디어를 생각해낼 수 있게 된다.

문제해결 프로그램의 공간으로 활용

빈 교실을 문제해결 프로그램의 공간으로 활용할 수 있다. 학생들은 문제를 해결하기 위해 다양한 방법을 시도하며, 창의적인 아이디어와 해결책을 생각해낸다.

체육 시간에 활용

빈 교실을 체육 시간에 활용할 수 있다. 체육 시간에는 운동하면서 학생들이 건강한 생활 습관을 형성하고, 스포츠 정신을 배울 수 있다.

예술 교육 공간으로 활용

빈 교실을 예술 교육 공간으로 활용할 수 있다. 학생들은 예술 작품을 만들면서 자신만의 창작적인 아이디어를 발휘할 수 있게 되며, 예술 교육의 중요성을 경험할 수 있다.

STEM 교육 공간으로 활용

빈 교실을 STEM 교육 공간으로 활용할 수 있다. 학생들은 과학, 기술, 공학, 수학 등의 분야를 체험하면서 창의적인 문제해결 능력과 협력을 배울 수 있게 된다.

대화와 논의의 공간으로 활용

빈 교실을 대화와 논의의 공간으로 활용할 수 있다. 학생들은 서로 다른 의견을 공유하고, 대화하며 사회적인 기술과 논리적인 사고력을 함양할 수 있게 된다.

프로젝트 기반 학습 공간으로 활용

빈 교실을 프로젝트 기반 학습 공간으로 활용할 수 있다. 학생들은 주제에 따라 팀을 구성하여 다양한 분야의 지식을 결합하여 프로젝트를 수행하게 된다. 이를 통해 학생들은 문제해결 능력과 협력 능력을 배양할 수 있으며, 창의성을 발휘할 수 있게 된다.

창업 교육 공간으로 활용

빈 교실을 창업 교육 공간으로 활용할 수 있다. 학생들은 창업을 시작하는데 필요한 지식과 기술을 배울 수 있으며, 창업 아이디어를 제시하고 발전시킬 수 있다.

인문학 교육 공간으로 활용

빈 교실을 인문학 교육 공간으로 활용할 수 있다. 학생들은 문학, 역사, 철학 등 다양한 인문학 분야를 공부하며, 자신의 인성과 인간관계에 대한 이해를 넓힐 수 있다.

환경 교육 공간으로 활용

빈 교실을 환경 교육 공간으로 활용할 수 있다. 학생들은 환경 문제에 대한 이해를 높이고, 환경보호와 지속 가능한 발전에 대한 인식을 갖출 수 있다.

청소년 상담 공간으로 활용

빈 교실을 청소년 상담 공간으로 활용할 수 있다. 학생들은 자신의 문제와 고민을 상담자와 함께 나눌 수 있으며, 자신의 감정을 이해하고, 대처하는 능력을 키울 수 있다.

이처럼 빈 교실을 교육적으로 활용함으로써 학생들의 창의적인 사고와 문제해결 능력을 키울 수 있다. 학교의 교육 목표와 학생들의 특성에 따라 적절한 방법을 선택하여 활용할 수 있다.

Q. 한국의 학교 교육에 창의성을 불어넣을 방법이 무엇이 있을까?

【ChatGPT】

학생들의 창의성을 존중하고, 적극적으로 지원하기

학생들은 각자의 창의적인 생각과 아이디어를 가지고 있다. 따라서, 학생들의 창의성을 인정하고, 존중하는 교육 분위기를 조성해야 한다. 또한, 학생들의 창의적인 발상과 아이디어를 적극적으로 지원하고, 이를 실현할 수 있는 환경을 제공해야 한다.

문제해결 능력을 중심으로 한 학습 방법 도입

창의성은 문제해결 능력과 관련이 있다. 따라서, 학생들에게 문제해결 능력을 중심으로 한 학습 방법을 도입하여, 학생들이 문제를 해결하는 과정에서 창의적인 아이디어를 발휘할 수 있도록 유도해야 한다.

다양한 교육 프로그램 및 활동 제공

교육 프로그램 및 활동을 다양하게 제공하여 학생들이 창의적으로 생각하고, 표현하며, 실천할 수 있도록 유도해야 한다. 예를 들어, 문화 예술 교육, 과학실험, 독서 활동 등 다양한 분야에서 창의성을 발휘할 수 있는 교육 프로그램 및 활동을 제공하는 것이 필요하다.

교사들의 창의적인 교육 방법 적극 지원

교사들도 창의적인 교육 방법을 개발하고 적용할 수 있도록 교육 및 지원이 필요하다. 이를 위해서 교육부나 지자체에서 교사들의 창의성을 존중하고, 적극적인 교육 지원을 제공해야 한다.

학교 조직의 변화

학교 내 조직과 문화를 변화시켜, 학생들이 창의적인 활동을 할 수 있는 환경을 조성하는 것도 중요하다. 이를 위해서는 학교 내에서 다양한 창의성을 존중하고, 지원하는 문화를 조성해야 한다.

이러한 방법들을 적극적으로 활용하면, 한국의 학교 교육에서 창의성을 불어넣을 수 있을 것이다.

Q. 학생들의 학습에 대한 동기부여를 회복할 방법이 무엇이 있을까?

【ChatGPT】

학습 목표 설정과 평가 체계 개선

학생들이 학습 목표를 설정하고, 목표를 달성하는 과정에서 진전 상황을 파악할 수 있는 평가 체계를 개선해야 한다. 학습 목표와 평가 체계를 개선함으로써, 학생들은 명확한 방향성을 갖고, 성취감을 느낄 수 있게 된다.

학습 내용의 실제 활용성 강화

학생들이 학습한 내용이 실제로 어떻게 활용될 수 있는지를 보여주고, 실제 상황에서 문제해결 능력을 기르는 것이 중요하다. 이를 위해서는 학습 내용과 실제 상황을 연결해주는 예시와 실습이 필요하다.

창의적인 학습 방법 도입

학생들이 적극적으로 참여하며, 창의적인 문제해결 방법을 발견하는 학습 방법을 도입해야 한다. 이를 위해, 문제해결 과정을 중심으로 한 프로젝트 학습, 토론 및 토의를 통한 학습, 문제해결을 통한 협력 학습 등 다양한 방법을 적용할 수 있다.

선생님의 긍정적인 태도와 관심

학생들의 학습 동기를 높이기 위해서는 선생님의 긍정적인 태도와 관심이 중요하다. 선생님은 학생들의 능력을 인정하고, 성취를 인정하며, 학생들의 참여를 적극적으로 유도하는 등 학생들의 학습을 지원할 수 있는 역할을 해야 한다.

학생들의 관심과 흥미를 반영하는 학습 내용 제공

학생들의 학습 동기를 높이기 위해서는 학생들이 흥미를 느끼고, 관심을 가지는 학습 내용을 제공해야 한다. 이를 위해 학생들의 흥미를 반영하는 주제와 관련된 내용을 활용하는 것이 중요하다.

다양한 교육 프로그램 제공

학생들이 학습에 대한 흥미와 동기를 잃었을 때, 다양한 교육 프로그램을 제공하여 학생들이 새로운 경험을 할 수 있도록 하는 것이 효과적이다. 이를 위해, 과학실험, 문화예술, 체육 등 다양한 교육 프로그램을 제공하고, 학생들이 원하는 프로그램을 선택할 기회를 제공하는 것이 중요하다.

학생들 간의 협력과 경쟁 활성화

학생들 간의 협력과 경쟁을 통해 학생들의 학습 동기를 높일 수 있다. 이를 위해, 팀 프로젝트, 문제해결 대회, 경시대회 등 다양한 협력과 경쟁을 유도할 수 있는 프로그램을 제공하는 것이 중요하다.

학생들의 자기 주도적인 학습 활성화

학생들이 자기 주도적인 학습을 할 수 있도록 유도하는 것도 중요하다. 이를 위해, 학생들이 직접 주도하여 학습 내용을 정하고, 문제를 해결하는 등의 자기 주도적인 학습 방법을 제공하고, 이를 지원하는 시스템을 마련하는 것이 중요하다.

위와 같은 방법들을 활용하여, 학생들의 학습 동기를 높이고, 학생들이 더욱 적극적으로 학습에 참여할 수 있도록 지원하는 것이 중요하다.

Q. 짧은 영상매체에 중독되는 아이들이 늘어나는 문제를 어떻게 해결해야 할까?

【ChatGPT】

학교에서의 교육

학교에서는 올바른 디지털 미디어 사용에 대한 교육을 진행해야 한다. 학생들이 올바른 디지털 미디어 사용 방법과 중독의 위험성을 인지하도록 교육을 제공해야 한다. 또한, 학교에서는 학생들이 안전하고 유익한 인터넷 콘텐츠에 접근할 수 있는 환경을 조성해야 한다.

가정에서의 모니터링

가정에서는 아이들의 디지털 미디어 사용을 적극적으로 모니터링을 해야 한다. 부모님은 아이들의 온라인 활동에 대해 적극적으로 이해하고, 부정적인 영향을 끼치는 콘텐츠를 차단하거나 제한하는 등의 대처 방법을 찾아야 한다.

디지털 미디어 사용 시간 제한

디지털 미디어 사용 시간을 제한하는 방법도 효과적이다. 아이들의 건강한 성장을 위해서는 충분한 수면과 활동 시간이 필요하다. 따라서, 아이들의 디지털 미디어 사용 시간을 제한하고, 대신 다양한 활동과 취미 생활을 할 수 있도록 도와주는 것이 좋다.

올바른 디지털 미디어 사용 규칙 제공

가정에서는 아이들에게 올바른 디지털 미디어 사용 규칙을 제공해야 한다. 예를 들어, 스마트폰 사용 시간을 제한하거나, SNS에서 다른 사람을 모욕하거나 인신공격하는 등 부적절한 행동을 하지 않도록 유도하는 등의 방법을 시도할 수 있다.

다양한 활동과 경험 제공

아이들에게 다양한 활동과 경험을 제공하여 디지털 미디어 사용에 대한 전적인 의존을 줄일 수 있다. 예를 들어, 체육, 예술, 봉사활동 등의 다양한 활동을 통해 아이들이 성취감과 자신감을 느끼고, 디지털 미디어 외의 다른 즐거움을 경험을 할 수 있도록 유도하는 것이 좋다.

부모와의 소통 강화

부모님은 아이들과의 소통을 강화해야 한다. 아이들은 부모님과의 소통을 통해 자신의 감정이나 생각을 표현하고, 대인관계를 발전시킬 수 있다. 따라서, 부모님은 아이들과의 소통을 지속해서 유지하고, 디지털 미디어 사용과 관련된 문제가 생겼을 때 적극적으로 대처해야 한다.

전문가의 상담과 지원

디지털 미디어 사용에 중독되거나 다른 문제가 발생했을 때는 전문가의 상담과 지원이 필요하다. 아이들이 디지털 미디어 사용에 관한 건강한 인식을 하도록 도와주는 상담과 지원을 제공할 수 있다.

위와 같은 방법들을 통해, 아이들이 디지털 미디어에 중독되지 않도록 예방하고, 건강한 디지털 미디어 사용 습관을 함께 배우는 기회를 제공하는 것이 중요하다.

Q. 학생·교사·학부모가 의사결정의 주체로 기능할 방안이 무엇이 있을까?

【ChatGPT】
학생 자치 기구의 활성화

학생 자치 기구를 활성화하여 학생들이 학교생활에 대해 의견을 제시하고, 의사결정에 참여할 수 있도록 지원해야 한다. 학생 자치 기구에는 학생회, 학급회의 등이 포함된다.

교사와 학부모의 협력 강화

교사와 학부모가 협력하여 의사결정을 내리는 것이 중요하다. 교사는 학생들의 교육과 관련된 전문적인 지식을 갖고 있으며, 학부모는 학생들의 가정에서의 상황을 잘 알고 있다. 이러한 지식을 합쳐서 의사결정을 내리는 것이 중요하다.

의사결정 과정의 투명성 제고

의사결정 과정이 투명하게 이루어져야 한다. 이를 위해서는 의사결정 과정에서 발생하는 정보를 공유하고, 참여자들이 의견을 제시할 수 있는 시스템을 마련해야 한다.

다양한 의견 수렴

의사결정 과정에서 다양한 의견을 수렴하는 것이 중요하다. 이를 위해서는 참여자들이 자유롭게 의견을 제시할 수 있는 환경을 조성하고, 다양한 의견을 수렴하는 방법을 모색해야 한다.

의사결정 과정의 지속성 보장

의사결정과정은 일시적인 것이 아니라 지속해서 이루어져야 한다. 이를 위해서는 의사결정과정에서 발생한 문제를 지속해서 모니터링하고, 개선해 나가는 시스템을 마련해야 한다.

위와 같은 방안들을 활용하여, 학생, 교사, 학부모가 모두 의사결정의 주체로 기능할 수 있는 교육 시스템을 구축해 나갈 필요가 있다.

Q. 저출생 고령화 사회의 고착화 속에서 한국 교육이 나아가야 할 방향은 무엇일까?

【ChatGPT】

한국은 현재 저출생 고령화 사회의 고착화에 직면하고 있다. 이러한 변화는 교육 분야에서도 큰 영향을 미치고 있으며, 이에 대응하기 위해서는 다음과 같은 방향성이 필요하다.

창의성과 융합 교육 강화

저출생 고령화 사회에서는 인구 감소와 함께 인력의 감소가 예상되며, 이는 미래 지식 경제에서 살아남기 위해서는 창의성과 융합적 사고능력이 중요해짐을 의미한다. 따라서, 교육에서는 이러한 능력을 강화하는 창의성과 융합 교육에 대한 지원이 필요하다.

디지털화 교육 적극적으로 도입

저출생 고령화 사회에서는 디지털 기술이 핵심적인 역할을 할 것으로 예상된다. 교육에서는 디지털 기술을 적극적으로 활용하여 학생들이 현실 세계에서 적극적으로 대처할 수 있는 능력을 배양하는 교육이 필요하다.

폭넓은 진로교육과 취업 지원 강화

인구 감소와 고령화로 인한 인력 감소는 직업 시장에서 경쟁을 더 심화시킬 것이다. 따라서, 교육에서는 폭넓은 진로교육과 취업 지원을 강화하여 학생들이 미래 직업 시장에서 경쟁력을 갖출 수 있도록 지원해야 한다.

인문교육 강화

인문교육은 창의성과 융합적 사고능력을 강화하는 데 있어서 중요한 역할을 한다. 또한, 인문교육은 사회 문제를 해결하는 데도 중요한 역할을 한다. 따라서, 교육에서는 인문교육을 강화하여 학생들의 사회적 책임감과 문제해결 능력을 강화하는 교육이 필요하다.

선제적 대처와 공공교육 제공

저출생 고령화 사회에서는 교육 분야에서도 여러 문제가 발생할 것으로 예상된다. 이러한 문제를 예측하고 대처하기 위해서는 선제적인 대처가 필요하다.

Q. 한국 교육에서 학생들의 동료평가를 효율적으로 진행할 방법이 무엇일까?

【ChatGPT】

학생들에게 충분한 교육과 지도 제공

학생들은 동료평가를 진행하기 전에 충분한 교육과 지도를 받아야 한다. 학생들은 동료평가를 어떻게 진행해야 하는지, 어떤 기준을 활용해야 하는지 등에 대한 정보를 충분히 이해해야 한다.

명확한 평가 기준 마련

학생들이 동료평가를 수행할 때, 명확한 평가 기준을 마련하여야 한다. 이를 위해, 평가 항목과 학습 목표를 정확하게 정의하고, 평가 기준에 대한 이해를 돕는 교육을 진행해야 한다.

다양한 평가 방법 활용

동료평가는 다양한 방법으로 진행할 수 있다. 이를 위해, 학생들이 평가를 진행할 때, 다양한 방법을 활용하여야 한다. 예를 들어, 토론, 토의, 문제해결, 프로젝트 등 다양한 방법을 활용하여 학생들의 평가를 수행할 수 있다.

학생들 간의 피드백 제공

동료평가는 평가하는 그것뿐만 아니라, 평가 결과에 대한 피드백을 제공하는 것도 중요하다. 이를 위해, 학생들은 평가 결과를 적극적으로 확인하고, 피드백을 받아들이며 개선할 수 있는 환경을 마련해야 한다.

평가과정의 투명성 보장

학생들은 동료평가의 결과가 공정하게 반영되고 있음을 인식해야 한다. 이를 위해, 평가과정의 투명성을 보장하여 학생들이 평가과정에 대한 신뢰감을 가질 수 있도록 해야 한다.

학생들의 동의를 얻은 후 진행

동료평가를 진행하기 전에는 학생들의 동의를 받는 것이 중요하다. 학생들은 평가에 참여하기를 원하지 않을 수 있으며, 그러한 경우에는 강제로 참여시키는 것은 오히려 평가 결과의 신뢰성을 떨어뜨릴 수 있다.

3. 교육환경

Q. 진로 교육을 어떻게 개선해야 할까?

【ChatGPT】

개별 맞춤형 진로 상담

학생들의 성격, 흥미, 장단점, 가치관 등을 고려한 개별 맞춤형 진로 상담을 시행해야 한다. 이를 위해서는 선생님들이 학생들과 친밀한 관계를 유지하고, 다양한 진로 정보를 수집하며, 학생들의 진로 탐색을 지원해야 한다.

다양한 진로 체험 프로그램 제공

학생들이 다양한 진로를 체험하고 탐색할 수 있는 프로그램을 제공해야 한다. 이를 위해, 학교와 기업, 대학 협력을 통해 현장 체험, 인턴십, 멘토링 등의 프로그램을 운영해야 한다.

진로 교육 내용의 다양성

진로 교육의 내용은 다양성을 반영해야 한다. 학생들이 국가시험에 대한 정보뿐만 아니라, 직업군, 대학 등의 다양한 진로 정보를 수집하고 이를 분석, 평가하며 자신만의 선택과 계획을 수립할 수 있도록 도와야 한다.

교과과정과의 연계

진로 교육은 교과과정과 밀접하게 연계되어야 한다. 교과과정에서 학생들이 필요로 하는 직업군, 전공 등의 정보를 제공하고, 진로 교육에서는 이를 더욱 심화시켜 학생들이 더욱 잘 이해할 수 있도록 도와야 한다.

진로 교육을 위한 선생님들의 교육 지원

진로 교육을 담당하는 선생님들에게는 진로 교육에 대한 전문성을 갖추도록 지원해야 한다. 이를 위해, 대학 등에서 진로 교육 전문가들의 교육과 교육자 교육 프로그램을 운영하고, 연수와 교육과정 개선을 지속해서 실시해야 한다.

부모의 적극적인 참여

부모는 자녀의 진로 교육에서 매우 중요한 역할을 한다. 따라서, 부모의 적극적인 참여를 유도하고, 부모들이 자녀들의 흥미와 장단점, 능력 등을 파악하고 이를 반영한 진로 탐색을 지원할 수 있도록 도와야 한다.

정보제공을 위한 진로 교육 전문 시스템 구축

진로 교육 전문 시스템을 구축하여 학생들이 다양한 진로 정보를 쉽게 접근하고, 진로에 대한 평가와 계획 수립에 활용할 수 있도록 해야 한다.

대학 진학을 넘어 다양한 진로에 대한 정보제공

한국의 진로 교육은 대부분 대학 진학을 중심으로 이루어지고 있다. 하지만 대학 진학 외에도, 기술 직종, 직업 군인, 창업, 예술 등 다양한 진로가 있다. 이러한 진로들에 대한 정보를 학생들에게 적극적으로 제공하고, 탐색을 지원해야 한다.

진로 교육에 대한 사회적인 인식 변화

진로 교육에 대한 사회적인 인식 변화가 필요하다. 대학 진학 외에도 다양한 진로를 존중하고, 직업군, 기술 직종 등 다양한 분야의 인재가 서로 협력하여 발전하는 사회적인 분위기가 필요하다.

위와 같은 방안들을 통해, 한국의 진로 교육을 개선하고, 학생들이 다양한 진로에 대한 정보를 쉽게 접근하고, 진로 탐색을 지원받을 수 있도록 하여, 학생들의 진로 선택과 발전에 도움을 줄 수 있다.

Q. 경기도 교육이 다른 시도교육청의 교육과 다른 점이 무엇일까?

【ChatGPT】

인구 밀도와 교육 수요

경기도는 인구 밀도가 높고, 인구가 많아서 교육 수요가 매우 높다. 이에 따라 경기도교육청은 다른 시도교육청보다 더 많은 학생을 대상으로 교육 서비스를 제공하고 있다.

교육 시설

경기도는 서울과 인접하게 자리 잡고 있어 대도시의 영향을 받는다. 이에 따라 경기도는 많은 학교와 교육 시설을 보유하고 있으며, 이러한 시설들은 다른 시도교육청보다 더 현대적이고 교육적으로 최적화된 것으로 알려져 있다.

학교 운영 방식

경기도교육청은 교육의 질과 효율성을 높이기 위해 학교 운영 방식에 대한 노력을 많이 기울이고 있다. 예를 들어, 경기도교육청은 학교 경영의 자율성을 높이기 위해 지역사회와의 협력을 강화하고, 학교 운영에 대한 지원을 적극적으로 제공하고 있다.

교육 지원 제도

경기도교육청은 다양한 교육 지원 제도를 운용하고 있다. 예를 들어, 학생들의 학습 능력 향상을 위한 교육 프로그램과 지원 서비스를 제공하고 있으며, 특수 교육에 대한 지원과 교육 인프라 구축 등 다양한 분야에서 지원을 제공하고 있다.

교육 예산

경기도는 교육 예산이 매우 큰 편이다. 이는 다양한 교육 프로그램과 시설 개선 등의 분야에서 경기도 교육만의 차별화된 교육 서비스를 제공할 수 있도록 지원하고 있다.

ICT 교육환경

경기도 교육은 ICT 교육환경에 대한 투자가 많이 이루어졌다. 경기도 교육은 교육용 컴퓨터와 스마트폰 등 다양한 디바이스를 학생들에게 제공하고, 또한 학교 내에서 스마트 교실 환경을 구축하는 등 ICT 교육환경 개선에 큰 노력을 기울이고 있다.

진학 지원 프로그램

경기도 교육은 학생들의 진학을 위한 다양한 프로그램을 제공하고 있다. 경기도 교육은 대학 교육 정보 제공, 대학교 학과 전략적 지원, 수시 합격 교육 등 다양한 프로그램을 운영하고 있어 학생들의 진학을 지원하고 있다.

글로벌 인재 양성 프로그램

경기도 교육은 글로벌 인재 양성 프로그램을 운영하고 있다. 경기도 교육은 해외 교류 및 교육 협력을 통해 학생들의 글로벌 역량을 강화하고, 국제화 시대에 발맞춰 다양한 교육 서비스를 제공하고 있다.

다문화 교육 지원

경기도는 다문화 교육 지원에 큰 노력을 기울이고 있다. 경기도 교육은 다문화 학생들의 교육 참여 및 정서적 안정을 위한 다양한 프로그램을 운영하고 있으며, 교사와 학부모들에게 다문화 교육에 대한 교육과정을 제공하는 등의 방법을 통해 다문화 교육을 강화하고 있다.

학생들의 교육에 관한 관심과 수요도가 높다. 위와 같은 이유로 경기도교육청은 다른 시도교육청과는 차별화된 교육 서비스를 제공하고, 다양한 분야에서 우수한 교육 서비스를 제공하고 있다.

Q. 마스크 착용으로 인한 학습 능력의 저하를 어떻게 해소해야 할까?

【ChatGPT】

공기 청정기 설치

교실이나 학습실 등에서 공기 청정기를 설치하여 공기 중의 미세먼지나 유해 물질을 제거할 수 있다. 이를 통해 마스크 착용으로 인한 불편함을 줄일 수 있다.

적정한 환기

적정한 환기를 통해 실내 공기를 교환하여 공기의 질을 개선할 수 있다. 교실이나 학습실 등에서는 적정한 시간 간격으로 창문이나 환기구를 열어 공기 교환이 이루어지도록 해야 한다.

체력 유지

체력 유지를 위한 교육 프로그램을 운영하여 학생들이 건강한 상태를 유지할 수 있도록 돕는 것이 중요하다. 이를 위해 체육 시간 등에서 유산소 운동을 진행하거나, 체력 관련 행사나 대회 등을 개최할 수 있다.

휴식 시간 마련

마스크 착용으로 인한 불편함을 줄이기 위해 적절한 휴식 시간을 마련하는 것이 중요하다. 이를 위해 교실이나 학습실 등에서 적절한 휴식 시간을 가지도록 지도하고, 휴식 시간에는 마스크를 벗을 수 있도록 안내할 수 있다.

마스크 선택과 관리

마스크를 선택하고 관리하는 것도 중요한 요소이다. 적합한 크기와 형태의 마스크를 착용하여 불필요한 불편함을 최소화할 수 있으며, 마스크 교체 주기와 세척 방법 등을 교육하여 마스크의 유효성을 유지할 수 있다.

이러한 방법들을 통해 마스크 착용으로 인한 학습 능력 저하를 최소화할 수 있으며, 학생들의 건강한 학습 환경을 조성할 수 있다.

Q. 개방되고 자유로운 학교를 만들기 위해 어떤 노력을 할 수 있을까?

【ChatGPT】

교육 제도와 교육 정책 개혁

교육 제도와 교육 정책을 개혁하여 학생들의 자율성과 창의성을 존중하고, 학생 중심의 교육이 이루어질 수 있도록 만들어야 한다. 이를 위해 교육 제도와 교육 정책 개선을 위한 토론과 연구를 지속해서 진행하며, 국가 및 지방 자치단체에서 교육개혁을 위한 지원을 강화할 필요가 있다.

교육환경 개선

교육환경을 개선하여 학생들이 자유롭게 생각하고 창의적인 아이디어를 발휘할 수 있는 공간을 마련해야 한다. 이를 위해 학교 건축물의 설계와 인테리어를 학생 중심으로 바꾸고, 학생들이 자유롭게 활동할 수 있는 공간을 마련하며, 다양한 교육 장비 및 소프트웨어 등을 제공해야 한다.

교사의 교육과 개발

교사들의 교육과 개발을 강화하여 학생 중심의 교육을 위한 능력을 갖춘 교사를 양성해야 한다. 이를 위해 교사들을 대상으로 교육과정 및 강의 방법 등에 대한 교육과 지속적인 교사 개발 프로그램을 마련하며, 교사들 간의 경험 및 지식 공유를 촉진하는 환경을 만들어야 한다.

학부모와 지역사회의 참여

학부모와 지역사회의 참여를 통해 학생 중심의 개방된 교육을 추진할 수 있다. 이를 위해 학부모와 지역사회와의 소통을 강화하고, 학생들의 교육과정에 학부모와 지역사회가 참여할 수 있도록 만들어야 한다.

창의적인 교육 방법의 활용

창의적인 교육 방법을 활용하여 학생들이 자율적으로 학습할 수 있는 환경을 만들어야 한다. 이를 위해 다양한 창의적인 교육 방법을 시도하고, 학생들이 직접 참여하며 문제를 해결하고, 아이디어를 발휘할 수 있는 프로그램을 개발해야 한다.

다양한 교육 콘텐츠 개발

다양한 교육 콘텐츠를 개발하여 학생들의 자율적인 학습을 지원해야 한다. 이를 위해 교육 콘텐츠 제작에 참여할 수 있는 교사나 전문가들을 지원하고, 온라인 학습 자료와 학습 게임 등을 제공해야 한다.

학생 중심의 평가 방법 개발

학생 중심의 평가 방법을 개발하여 학생들이 자신의 역량을 평가하고, 발전할 기회를 제공해야 한다. 이를 위해 학생들이 자신의 성장 과정을 추적할 수 있는 포트폴리오 시스템을 도입하고,

학생들이 참여하는 자기평가와 동료평가 등을 적극적으로 활용해야 한다.

이처럼 개방되고 자유로운 학교를 만들기 위해서는 교육 제도와 교육환경의 개선, 교사의 교육과 개발, 학부모와 지역사회의 참여, 창의적인 교육 방법과 교육 콘텐츠 개발, 학생 중심의 평가 방법 개발 등 다양한 노력이 필요하다. 이러한 노력이 함께 이루어져야 비로소 학생들이 창의성과 자율성을 발휘할 수 있는 개방되고 자유로운 학교를 만들어갈 수 있다.

Q. 통학 시간을 조정하는 등 더욱 유연한 학교를 만들 방법들이 무엇이 있을까?

【ChatGPT】
통학 시간 조정

학교의 통학 시간을 조정하여, 학생들이 더욱 편리하게 학교에 오고 갈 수 있도록 한다. 이를 위해서는 지역별로 다양한 교통수단을 활용하여, 학생들의 통학 시간을 최소화하는 방법을 모색해야 한다.

수업 시간 조정

학생들의 학습 형태와 학습 방법에 따라 수업 시간을 조정할 수 있다. 예를 들어, 학생들이 자기 주도적으로 학습하는 시간을 늘리고, 교사의 지도하는 시간을 줄이는 방법 등을 적용하여 수업

시간을 유연하게 조정할 수 있다.

비대면 수업 확대

비대면 수업을 활용하여, 시간과 공간에 구애받지 않는 학습을 가능하게 한다. 이를 위해, 온라인 강의나 원격 학습 프로그램을 활용하여 학생들이 언제 어디서나 학습을 할 수 있는 환경을 제공하는 것이 중요하다.

수업의 형식 다양화

수업의 형식을 다양화하여, 학생들이 다양한 경험을 할 수 있도록 한다. 예를 들어, 문제해결, 프로젝트 수업, 현장학습, 스포츠 등 다양한 수업 형식을 적용하여 학생들이 더욱 적극적으로 학습에 참여할 수 있도록 한다.

학습 공간 확대

학생들이 학교에서 학습할 때, 다양한 학습 공간을 제공하여 학생들의 학습 동기를 높인다. 예를 들어, 독서실, 휴게실, 문화 공간 등을 마련하여 학생들이 더욱 편리하게 학습에 참여할 수 있도록 한다.

학생 중심의 교육 철학 적용

더욱 유연한 학교를 만들기 위해서는, 학생 중심의 교육 철학을 적용하는 것이 중요하다. 학생들이 더욱 적극적으로 학습에 참여할 수 있는 환경을 조성하고, 학생들의 성장과 발전에 관해 관심을 두는 교육 철학을 만들어야 한다.

학생들의 의견 수렴

더욱 유연한 학교를 만들기 위해서는 학생들의 의견을 수렴하는 것이 중요하다. 학생들은 학교생활에 대해 다양한 의견을 가지고 있으며, 이러한 의견들을 수렴하여 학교를 더 유연하게 운영할 수 있다.

학교와 지역사회의 협력 강화

학교와 지역사회의 협력을 강화하여, 지역사회의 다양한 자원을 활용하여 학생들이 더 다양한 경험을 할 수 있도록 한다. 예를 들어, 지역사회에서 제공하는 프로그램을 학교에서 활용하거나, 지역사회와 함께 현장학습을 진행하는 등의 방법을 활용할 수 있다.

교육과정의 개편

더욱 유연한 학교를 만들기 위해서는 교육과정의 개편이 필요하다. 예를 들어, 직무교육, 예술 교육, 스포츠 교육 등을 적극적으로 추진하고, 학생들의 개인적인 관심사나 흥미를 반영한 교육과정을 제공하는 것이 중요하다.

평가 체계의 개선

학생들의 학습 과정과 학습성과를 정확하게 파악하기 위해서는 평가 체계의 개선이 필요하다. 평가 체계는 학생들의 다양한 능력과 역량을 측정할 수 있도록 구성되어야 하며, 학생들이 더욱 적극적으로 참여할 수 있는 방식으로 개선되어야 한다. 이를 위해 학생들과 교사, 학부모들의 다양한 의견을 수렴하여 평가 체계를 보다 개선된 형태로 운영할 수 있다.

Q. 급변하는 교육환경에 교사가 적응할 수 있도록 도움을 준다면 어떻게 해야 할까?

【ChatGPT】
교육 정책과 교육과정에 대한 이해

교사들은 교육 정책과 교육과정에 대한 이해를 바탕으로, 적극적으로 교육과정의 변화에 대응할 수 있다. 이를 위해서는 교육 정책과 교육과정에 관한 연구와 교육 강좌를 제공하는 등의 방법을 활용할 수 있다.

협업과 공유

교사들은 서로 협력하고 정보를 공유하여 새로운 아이디어와 방법을 발굴할 수 있다. 이를 위해서는 교사들끼리 교육 정보나 자료를 공유하고, 학생들의 성취를 평가하는 방법 등을 논의하며, 지속적인 자기 계발에 대한 의지를 갖는 것이 중요하다.

교육 기술의 활용

교사들은 교육 기술을 활용하여 학생들의 학습을 보다 효과적으로 지원할 수 있다. 이를 위해서는 다양한 교육 기술에 대한 이해와 활용 능력을 갖추는 것이 필요하다.

지속적인 교육

교사들은 지속적인 교육을 통해 새로운 교육 방법과 이론, 기술을 학습할 수 있다. 이를 위해서는 교육 관련 교육기관이나 교육 단체에서 제공하는 교육 강좌나 워크숍 등을 활용할 수 있다.

학생과의 소통

교사들은 학생들과의 소통을 통해 학생들의 흥미와 필요에 맞는 교육 방법을 찾아나갈 수 있다. 이를 위해서는 학생들과 더욱 많은 대화와 소통을 통해 학생들의 관심사와 성향을 파악할 수 있어야 한다.

실험과 실패에 대한 긍정적인 태도

교사들은 실험과 실패를 통해 새로운 교육 방법을 발굴하고 개선할 수 있다. 이를 위해서는 실험과 실패에 대한 긍정적인 태도를 갖추고, 학생들과 함께 실험하고, 문제해결 과정에서 자신의 노력과 경험을 쌓을 기회를 제공해주는 것이 중요하다.

멘토링 및 피드백

교사들은 경력이나 전문성이 높은 선배 교사나 교육 전문가들로부터 멘토링을 받을 수 있다. 이를 통해 전문성을 키우고, 선배 교사나 전문가들로부터 피드백을 받아 더 나은 교육 방법을 발굴할 수 있다.

참여와 리더십

교사들은 교육 전문가들이나 교육단체들과의 참여를 통해 교육의 흐름을 파악하고, 교육을 이끄는 리더십을 발휘할 수 있다. 이를 위해서는 교육단체나 학술 대회 등에 참여하여 자신의 연구를 발표하고, 다른 교사들과의 교류를 통해 리더십을 발휘할 수 있다. 이처럼 교사들이 변화하는 교육환경에 적응할 수 있도록 도움을 주는 방법은 다양하며, 교육기관에서 교사들의 전문성을 키우는 교육과정과 교육환경을 마련하는 것이 중요하다.

1. 공교육

Q. 공교육이 미래에 어떤 역할을 해야 할까?

【ChatGPT】
기회의 공정성

공교육은 모든 학생이 교육받을 기회를 보장해야 한다. 이를 위해 경제적으로 불이익을 받는 학생들이나 지역적으로 교육적인 불균형이 발생하는 경우, 이를 보완하고 보완할 수 있는 제도와 지원을 제공해야 한다.

또한, 학생들의 다양성을 인정하고, 다양한 배경을 가진 학생들이 교육에 참여할 수 있는 환경을 조성해야 한다. 예를 들어, 학생들의 문화적, 인종적, 경제적 배경에 맞춰서 교육 프로그램을 다양화하고, 교육자원을 평등하게 제공하는 것이 필요하다.

미래역량 갖춘 인재

공교육은 미래의 세계에서 요구되는 역량을 갖춘 인재를 양성해야 한다. 즉, 학생들이 미래의 세계에서 필요한 문제해결 능력, 창의성, 협력 능력, 디지털 역량 등을 갖출 수 있도록 교육을 제공해야 한다. 이를 위해 기존의 교육방식에서 벗어나, 미래지향적인 교육방식을 도입하고, 혁신적인 교육 프로그램을 개발하는 것이 필요하다. 학생들이 직업을 선택할 때, 다양한 선택지를 고려하고, 그에 맞는 교육과정과 프로그램을 제공하는 것도 중요하다.

공교육은 학생들이 미래의 세계에서 문제를 해결할 수 있는 능력을 갖추기 위한 프로그램을 개발해야 한다. 이를 위해, 학생들이 현실적인 문제를 직접 체험하고, 문제해결 능력을 키울 수 있는 프로그램을 개발하고 운영하는 것이 필요하다.

예를 들어, 지역사회 문제해결 프로그램, 환경보호 프로그램, 사회 참여 프로그램 등을 운영하여 학생들이 사회적 가치와 문제에 대해 이해하고, 해결 방안을 제시할 수 있는 능력을 갖추도록 지원해야 한다.

학생 중심 교육

미래교육에서는 학생 중심의 교육을 추구해야 한다. 즉, 학생들이 자신의 관심사와 능력을 기반으로 학습할 수 있도록 지원하고, 학생들의 참여를 촉진하는 교육방식을 도입해야 한다. 이를 위해, 학생들의 참여와 창의성을 존중하는 교육방식을 도입하고, 학생들이 자유롭게 아이디어를 제시하고, 문제를 해결할 수 있는 활동을 적극적으로 도입할 필요가 있다.

총론적으로, 미래교육에서는 공교육이 모든 학생에게 공평한 교육 기회를 제공하고, 미래의 세계에서 요구되는 역량을 갖춘 인재를 양성하기 위해 다양한 교육방식과 프로그램을 도입할 필요가 있다. 이를 통해 학생들은 미래의 세계에서 성공적인 삶을 살아갈 수 있는 역량과 지식을 갖출 수 있을 것이다.

Q. 미래에 코딩교육과 외국어 교육이 필요할까?

【ChatGPT】

미래에 코딩교육은 매우 중요할 것으로 예상된다. 현재 코딩은 전 세계적으로 빠르게 발전하고 있으며, 인공지능, 빅데이터, IoT 등과 같은 신기술 분야에서 필수적인 역할을 하고 있다. 미래에는 이러한 분야에서 더욱 중요한 역할을 할 것으로 예상되며, 코딩교육을 받은 사람들은 더 큰 기회와 성장 가능성을 가지게 될 것이다. 또한, 코딩교육은 학생들의 문제해결 능력, 창의성, 논리적 사고력 등을 향상하는 데에도 큰 도움이 된다. 또한, 코딩교육을 통해 ICT(Information and Communication Technology)에 대한 이해도를 높일 수 있어 디지털 시대에서 요구되는 역량을 갖출 수 있다. 따라서, 미래에 코딩교육은 필요할 것으로 예상되며, 적극적인 코딩교육 정책과 프로그램을 지속해서 개발하고 발전시켜 나가는 것이 중요하다.

올바른 외국어 교육은 여전히 중요하다. 미래의 글로벌 시장에서는 다양한 언어와 문화에 대한 이해와 의사소통 능력이 필요하다. 특히 현재는 인터넷과 소셜 미디어를 통해 세계 각지의 정보와 다양한 문화가 쉽게 접근 가능해졌기 때문에 외국어의 중요성은 더욱 커졌다. 또한, 글로벌 경제와 글로벌 문화의 통합이 가속화되면서 외국어 능력은 현대인의 필수 역량 중 하나가 되어가고 있다. 외국어를 배우면 다른 문화와 사고방식을 이해하고, 세계적인 지식과 경험을 얻을 수 있어 취업이나 대학 진학, 국제 커뮤니케이션 등에서 큰 도움이 된다.

따라서, 미래에도 외국어 교육은 필요할 것으로 보인다. 다만, 어떤 언어를 가르치는지, 그리고 그 교육 방법이 어떻게 진행되는지에 관해서는 계속 연구와 개선이 필요할 것이다.

Q. 미래의 공교육은 어떤 방향성을 가져야 할까?

【ChatGPT】
창의성과 문제해결 능력을 중심으로 한 교육 방법의 도입
미래사회에서는 빠르게 변화하는 사회적, 경제적, 기술적 변화에 대처할 수 있는 능력이 중요하다. 따라서 창의성과 문제해결 능력을 강조한 교육 방법을 도입해야 한다.
다양한 학습 방법의 활용
미래의 학생들은 다양한 학습 방법에 익숙해져 있다. 따라서 공교육에서는 프로젝트 학습, 문제해결 학습, 경험학습 등의 학습 방법을 적극적으로 활용하여 학생들의 창의적인 사고와 문제해결 능력을 키워야 한다.

개인 맞춤형 학습

미래의 공교육에서는 학생들의 성향과 관심을 고려한 맞춤형 교육이 강조된다. 학생들의 학습 특성에 맞추어 다양한 학습 방법을 제공하고, 개인 맞춤형 지도를 통해 학생들의 능력을 최대한 발휘할 수 있도록 지원해야 한다.

혁신적인 교육환경의 조성

미래의 공교육에서는 혁신적인 교육환경을 조성해야 한다. 이를 위해 정보기술을 적극적으로 활용하고, 학생들이 창의적으로 학습할 수 있는 다양한 공간과 시설을 제공해야 한다.

교사와 교육 관계자들의 노력

미래의 공교육을 실현하기 위해서는 교사들과 교육 관계자들의 노력과 역량 강화가 필요하다. 교사들은 다양한 학습 방법과 정보기술을 활용한 학습 방법을 습득하고, 학생들의 창의성과 문제해결 능력을 키울 수 있는 교육 방법을 개발해야 한다. 또한 교육기관에서는 교사들의 교육과정과 교육환경을 개선하는 노력을 지속해서 추진해야 한다.

학생들뿐만 아니라 교사들과 교육 관계자들의 노력이 필요

교사들은 학생들의 다양한 학습방식에 대응할 수 있는 교육 방법을 습득하고, 학생들의 창의성과 문제해결 능력을 키울 수 있는 교육 방법을 개발해야 한다. 또한 교육 관계자들은 미래사회의 변화를 반영한 혁신적인 교육 방법을 도입하고, 정보기술을 활용한 학습 환경을 조성하는 등의 노력을 지속해서 추진해야 한다.

위와 같은 방향성을 바탕으로 미래의 공교육은 학생들이 창의적인 사고와 문제해결 능력을 갖추고, 혁신적인 아이디어를 생각하고 구현할 수 있는 역량을 갖춘 인재들을 양성하는 데 집중할 것이다. 이러한 노력이 모두 결합하여 미래사회에 대처할 수 있는 창의적이고 유능한 인재들을 양성하는 교육을 실현할 수 있을 것이다.

Q. 향후 10년간 한국의 교육 대전환은 어떻게 진행될까?

【ChatGPT】

교육방식의 변화

현재의 교육방식은 지식 전달 중심의 강의 형식으로 이루어지지만, 미래교육에서는 학생 중심의 창의적이고 활동적인 학습방식으로 변화할 것이다. 예를 들어, 프로젝트 학습, 문제해결 학습, 협력 학습, 경험학습 등의 방식이 활성화될 것이다.

디지털 교육이 보편화

현재 교육 분야에서는 학습자 중심의 디지털 교육이 주목받고 있으며, 이는 미래 교육에서도 중요한 역할을 할 것이다. 디지털 교육 기술을 활용한 수업, AI를 이용한 개별 맞춤형 학습, VR, AR 등의 새로운 기술을 활용한 학습방식 등이 등장할 것으로 예상된다.

학습자의 차별화된 학습 환경과 인터넷 활용의 확대

미래 교육에서는 학습자의 다양한 배경과 요구에 대응하는 맞춤형 학습 환경이 더 중요해질 것이다. 학생들이 인터넷을 이용하여 독립적으로 학습하고, 교육기관이 이에 대응하여 강의를 제공하는 것이 일반화될 것이다.

교사의 역할과 교육 시스템의 변화

교사의 역할은 강의자에서 학습 컨설턴트로 변화할 것이다. 또한, 교육 시스템에서는 교사의 역량 개발, 교육 업무 일부의 자동화, 다양한 교육자원 및 교육 프로그램의 개발 및 제공, 학생 성취도 평가 방식 등에 대한 변화가 필요하다.

지역사회와의 연계가 강화

지역사회에서의 문제해결과 협력을 통해 학생들이 더욱 현실적인 경험을 하고, 지역사회와의 소통이 활발해지는 것이 예상된다.

총론적으로, 향후 10년간 한국의 교육 대전환은 기존의 교육방식과 시스템을 혁신하고, 학생 중심의 창의적이고 활동적인 학습 방식으로 변화할 것이다. 이러한 변화를 위해서는 교육환경과 교육자들의 역량을 강화하고, 교육 시스템 전반에 대한 개선이 필요하다.

또한, 산업과 연계된 STEM 교육, 문화예술교육, 지역사회와의 연계 등을 통해 학생들이 다양한 경험을 할 수 있도록 지원해야 한다.

이러한 교육 대전환은 학생들의 미래를 준비하는 것뿐 아니라,

교육 시스템 전반을 혁신하고, 사회의 미래 발전에 이바지할 수 있는 유능한 인재를 양성하는 것에 대한 긍정적인 영향을 미칠 것이다. 따라서 교육부, 지방 교육청, 교육기관 등은 적극적으로 교육 혁신을 추진하고, 현대사회와 더불어 발전할 수 있는 학생들의 미래를 보장하기 위한 지속적인 노력이 필요하다.

Q. 미래사회를 살아갈 학생들에게 필요한 역량과 그 교육 방안은?

【ChatGPT】

문제해결 능력

미래사회에서는 빠르게 변화하는 사회적, 경제적, 기술적 변화에 대처할 수 있는 능력이 중요하다. 따라서 문제해결 능력은 매우 중요한 역량이며, 학생들은 문제를 인식하고, 문제해결을 위한 전략을 수립하고 실행할 수 있도록 교육되어야 한다.

협력 능력

미래사회에서는 협력적인 인재들이 필요하다. 따라서 학생들은 다른 사람과의 협력을 통해 문제를 해결하고, 공동의 목표를 달성할 수 있는 능력을 갖추어야 한다.

창의성

미래사회에서는 창의성을 갖춘 인재들이 중요한 역할을 한다. 따라서 학생들은 창의적 사고와 문제해결 능력을 기반으로 새로운 아이디어와 방법을 창출하고, 적극적으로 실행할 수 있도록 교육되어야 한다.

위와 같은 역량을 갖춘 학생들을 양성하기 위해서는 다음과 같은 교육 방안이 필요하다.

창의적인 학습방식의 도입

프로젝트 학습, 문제해결 학습, 경험학습 등의 학습방식을 도입하여 학생들이 창의적으로 문제를 해결할 수 있는 능력을 기를 수 있도록 지원한다.

협력적인 학습방식의 활용

팀 프로젝트, 토론, 토의 등의 학습방식을 통해 학생들의 협력 능력을 향상하고, 서로 다른 배경과 관점을 공유할 기회를 제공한다.

정보기술을 활용한 학습

정보기술을 활용하여 학생들이 창의적으로 문제를 해결할 기회를 제공하고, 학생들이 자유롭게 학습할 수 있는 환경을 조성한다.

다양한 경험 제공

문화예술, 스포츠, 체험학습 등의 활동을 통해 학생들이 창의적인 사고와 문제해결 능력을 발휘할 수 있는 다양한 경험을 제공한다. 이를 통해 학생들은 다양한 경험을 통해 자신의 역량을 발견하고, 발전시킬 수 있다.

지속적인 진로지도

학생들의 성향과 관심을 파악하고, 그에 맞는 적절한 진로를 안내하는 지속적인 진로지도를 제공한다. 이를 통해 학생들은 자신이 원하는 분야에서 더욱 깊이 있는 학습을 진행할 수 있으며, 미래에 대한 명확한 직무 목표를 설정할 수 있다.

　마지막으로, 이러한 교육 방안을 실현하기 위해서는 교육자들의 노력과 역량 강화가 필요하다. 교사들은 학생들의 다양한 학습 방식에 대응할 수 있는 교육 방법을 습득하고, 학생들의 역량 발전을 위한 적극적인 역할을 해야 한다.

　또한 교육기관에서는 교사들의 교육과정과 교육환경을 개선하는 노력을 지속해서 추진해야 한다. 이러한 노력이 모두 결합하여 미래사회에 대처할 수 있는 창의적이고 유능한 인재들을 양성하는 교육을 실현할 수 있을 것이다.

Q. 미래를 대비하기 위한 한국 교육의 커리큘럼 변화를 제시해준다면?

【ChatGPT】
문제해결 능력 강화

　미래사회에서는 복잡하고 다양한 문제들이 발생할 것으로 예상된다. 따라서 학생들이 커리큘럼에서 문제해결 능력을 강화하는 과목들을 강화하고, 이를 학생들이 참여할 수 있는 다양한 문제해결 프로그램과 프로젝트를 제공해야 한다.

디지털 미디어 교육 강화

　미래사회에서는 디지털 기술의 중요성이 더욱 커질 것으로 예상된다. 따라서 학생들이 디지털 미디어 교육을 받을 수 있도록 커리큘럼에서 디지털 미디어 교육을 강화하고, 이를 위한 교육 프로그램과 교재를 제공해야 한다.

다양한 언어 교육 강화

미래사회에서는 국제적인 교류와 협력이 더욱 중요해질 것으로 예상된다. 따라서 학생들이 다양한 언어를 배울 수 있도록 커리큘럼에서 다양한 언어 교육을 강화하고, 이를 위한 교육 프로그램과 교재를 제공해야 한다.

창의성과 협력적인 학습 강화

미래사회에서는 창의성과 협력적인 학습 능력이 더욱 중요해질 것으로 예상된다. 따라서 학생들이 창의성과 협력적인 학습 능력을 강화할 수 있도록 커리큘럼에서 이러한 능력을 강화하는 과목들을 강화하고, 이를 위한 다양한 프로그램과 프로젝트를 제공해야 한다.

사회적 책임과 윤리적 의식 강화

미래사회에서는 사회적 책임과 윤리적 의식이 더욱 중요해질 것으로 예상된다. 따라서 학생들이 사회적 책임과 윤리적 의식을 갖추도록 커리큘럼에서 이러한 교육을 강화하고, 이를 위한 교육 프로그램과 교재를 제공해야 한다. 이를 통해 학생들이 현실적인 문제에 대해 사회적 책임감을 느끼고, 윤리적인 선택을 할 수 있는 능력을 갖출 수 있다.

STEM 교육 강화

미래사회에서는 과학기술, 공학, 수학 등 STEM 분야의 중요성이 더욱 커질 것으로 예상된다. 따라서 학생들이 STEM 분야의 지식과 능력을 갖출 수 있도록 커리큘럼에서 STEM 교육을 강화하고, 이를 위한 다양한 프로그램과 교재를 제공해야 한다.

자기 주도적인 학습 방법 강화

미래사회에서는 지속적인 학습과 자기 주도적인 학습 능력이 더욱 중요해질 것으로 예상된다. 따라서 학생들이 자기 주도적인 학습 능력을 갖출 수 있도록 커리큘럼에서 이러한 교육을 강화하고, 이를 위한 교육 프로그램과 교재를 제공해야 한다.

이러한 커리큘럼 변화를 통해 학생들이 미래사회에서 필요한 역량과 능력을 갖출 수 있도록 교육 시스템을 개선할 수 있을 것이다. 또한 이러한 변화를 위해서는 교육 관련 분야의 전문가들과 교육기관들이 적극적으로 협력하여 노력해야 한다.

Q. 다문화 학생들에게 균일한 교육을 제공해줄 구체적 방법이 무엇이 있을까?

【ChatGPT】

다문화 및 글로벌 시대에는 학생들의 다양한 배경과 문화적 차이로 인해 교육에 대한 접근성과 품질에 대한 요구가 높아졌다. 이러한 상황에서는 균일한 교육을 제공하는 것이 어려운 점이 있지만, 다음과 같은 구체적인 방법을 고려해볼 수 있다.

언어 교육 강화

학생들이 다른 언어와 문화를 갖고 있으면 언어 교육이 가장 기본적인 요소가 된다. 다양한 언어의 강의나 대화 수업을 제공하고, 전문교사나 튜터를 고용하여 언어 습득을 지원해 줄 수 있다. 또한, 학생들이 다른 언어와 문화에 대한 이해와 존중을 가지도록 교육적인 노력을 기울일 필요가 있다.

교육자원 다양화

학생들의 다양한 문화적 배경에 대응하기 위해서는 교육자원도 다양화될 필요가 있다. 교재나 학습 자료를 다양한 언어로 제공하거나, 학생들의 문화적 차이를 고려한 교육 자료를 개발하는 등의 노력이 필요하다.

다문화 교육을 위한 교사 교육

교사들은 학생들의 다양한 배경을 이해하고 그에 대한 대처 방법을 습득할 필요가 있다. 따라서, 다문화 교육을 위한 교사 교육 프로그램을 마련하고, 교사들의 문화적 역량 강화를 지원해 줄 필요가 있다.

문화적 이해와 존중 강화

학교에서는 다양한 문화와 배경을 가진 학생들이 함께 공부하는 환경을 제공하고, 문화적 이해와 존중을 강화하는 교육 프로그램을 마련해야 한다. 다양한 문화를 이해하고 존중하는 교육은 학생들의 긍정적인 자아 개발에 큰 도움이 될 것이다.

이러한 방법들을 적극적으로 활용하면서, 학생들의 다양한 배경과 문화적 차이를 고려한 교육을 제공하는 것이 중요하다. 그리고, 이를 위해서는 교육 관계자들의 다문화 교육을 위한 구체적인 방법으로는 다음과 같은 것들이 있을 수 있다.

다문화 교육 전문가와의 협력

다문화 가정 출신 학생들의 교육을 위해서는 다문화 교육 전문가와의 협력이 필요하다. 학교와 지역사회, 지자체가 협력하여 다문화 교육 전문가를 고용하고 교육 현장에서 다문화 교육에 대한 교육을 제공할 수 있도록 지원할 필요가 있다.

개인화된 교육

학생들이 각자의 배경과 특성에 맞는 교육을 받을 수 있도록 교육 프로그램을 개인화하는 것이 필요하다. 개인화된 교육은 학생들이 자신의 흥미와 역량을 바탕으로 학습하며 학생들의 참여도를 높일 수 있다.

다양한 교육 자료와 교재

다문화 가정 출신 학생들이 쉽게 이해하고 학습할 수 있는 다양한 교육 자료와 교재를 제공하는 것이 필요하다. 이를 위해서는 다문화 교육 전문가와 교사들이 함께 교육 자료와 교재를 개발하고 활용해야 한다.

문화 교육

다문화 가정 출신 학생들은 자신의 문화와 다른 문화에 대한 이해가 필요하다. 따라서 문화 교육을 통해 서로의 문화를 이해하고 존중할 수 있는 인식을 하도록 하는 것이 필요하다.

다문화 교육환경 조성

다문화 가정 출신 학생들이 학교에서 안정감과 참여감을 느낄 수 있는 교육환경을 조성하는 것이 필요하다. 이를 위해서는 학교 내 다문화 교육 지원팀을 구성하고, 교육 프로그램과 교육환경을 개선하는 등의 노력이 필요하다.

이러한 방법들을 통해 학교에서는 모든 학생이 동등하게 교육을 받을 수 있도록 노력할 수 있다.

2. 미래교육

Q. 미래에 교사들이 갖춰야 할 필수 역량들은 무엇일까?

【ChatGPT】

디지털 미디어 활용 역량

학생들의 관심사와 라이프 스타일을 이해하고, 다양한 디지털 미디어를 활용한 학습 방법을 구사할 수 있어야 한다.

창의적 문제해결 역량

생들이 직면하는 문제들을 학생 중심의 창의적인 방법으로 해결할 수 있도록 도와줄 수 있어야 한다.

협업 및 소통 역량

학생들 간의 협업을 촉진하고, 대화와 소통을 통해 학생들의 의견을 이해하고 수용할 수 있어야 한다.

다양한 배경의 학생들을 위한 배려와 이해

다문화 교육에 대한 이해와 배려를 가지고, 다양한 배경을 가진 학생들의 문제점에 대해 이해하고 대처할 수 있어야 한다.

지속적인 전문성 발전 역량

교육의 변화에 적응하며, 지속해서 전문성을 개발하고 발전시키는 능력이 필요하다.

이러한 필수 역량을 갖춘 교사들은 학생들의 창의성과 비판적 사고를 촉진하며, 학생들의 학습 동기를 높이고, 학생들의 학습 성취도를 향상할 수 있을 것이다.

Q. IB 도입으로 한국의 미래교육은 어떻게 변화할까?

【ChatGPT】
글로벌 교육

IB(International Baccalaureate) 교육의 도입으로 한국의 미래교육은 글로벌 시대에 발맞추어 다양성과 국제화 측면에서 변화할 것으로 기대된다.

IB 교육은 문제해결 능력, 창의성, 협력, 소통, 리더십 등 다양한 핵심 역량을 강조하며, 학생들의 자기 주도적 학습을 촉진하는 교육방식을 제공한다. 이러한 IB 교육의 핵심 가치가 한국 교육에 적용된다면, 기존 교육에서 강조되는 정보와 지식 위주의 교육보다는 학생들의 능동적인 학습과 창의적 사고를 촉진하는 방향으로 변화할 것이다.

국제화

IB 교육은 국제화 측면에서도 매우 유용하다. IB 교육은 국제적인 교육과정과 인증제도를 제공하므로, 한국 학생들이 세계적으로 인정받는 교육과정과 인증을 받을 수 있다. 이는 나아가 한국 학생들이 해외 대학 진학이나 해외 진출 시에 경쟁력을 갖출 수 있는 기반이 될 것이다.

글로벌 시민

IB 교육은 글로벌 시민교육을 강조한다. 한국이 점차 개방적인 국제 사회와 접목됨에 따라, 다양한 문화와 가치관을 이해하고 존중하는 능력이 필요해진다. IB 교육은 이러한 다문화 교육을 강조하며, 한국 학생들이 글로벌 시대에 살아가는데 필요한 국제적인 시각과 인식을 갖추도록 돕는 역할을 할 것이다.

따라서, IB 교육의 도입을 통해 한국의 미래교육은 학생들의 다양한 역량과 글로벌 역량 강화, 창의성과 문제해결 능력의 강화, 그리고 다문화 교육의 강화 등 다양한 측면에서 변화하게 될 것이다.

Q. 미래교실, 미래교육 플랫폼이 어떻게 변화할까?

【ChatGPT】

현재 존재하는 교육 플랫폼과 비교해 더욱더 혁신적이고 다양한 기술을 활용한 학습 경험을 제공할 것으로 예상된다. 몇 가지 예시를 들어보면 다음과 같다.

가상/증강 현실 기술 활용

미래교실, 미래교육의 교육 플랫폼은 가상/증강 현실 기술을 적극적으로 활용하여 학생들이 현실에서 체험하기 어려운 상황이나 장소에서도 쉽게 학습할 수 있도록 제공할 것이다. 예를 들어, 역사 수업에서 가상 혹은 증강 현실을 이용하여 역사적인 장면을 체험하거나, 과학 수업에서 실험실에서 불가능한 실험을 가상으로 체험할 수 있도록 제공할 것이다.

AI(인공지능) 기술 적용

미래교육의 교육 플랫폼은 AI 기술을 활용하여 학생들의 학습 경험을 더욱 맞춤화하고 효율적으로 개선할 것이다. 예를 들어, AI를 이용하여 학생들의 학습 수준을 파악하고, 그에 맞는 맞춤형 학습 콘텐츠를 제공하거나, 학생들의 학습 패턴을 분석하여 그에 따른 학습 전략을 제시할 수 있다.

새로운 협업 툴 및 플랫폼 개발

미래교육의 교육 플랫폼은 학생들이 새로운 협업 툴과 플랫폼을 활용하여 팀워크와 협력적인 학습을 적극적으로 경험할 수 있도록 제공할 것이다. 이를 통해 학생들은 자기 아이디어를 다른 학생들과 공유하고, 서로의 생각을 비교하고 분석하며, 문제를 해결하는 과정에서 협력적인 학습을 경험하게 될 것이다.

자기 주도적 학습 활성화

미래교육의 교육 플랫폼은 학생들이 자기 주도적으로 학습을 진행할 수 있는 환경을 제공할 것이다. 학생들이 자신의 관심사나 학습 목표에 따라 학습 내용을 선택하고, 그에 따른 학습 계획을 세우며, 진행 상황을 체크하고 평가할 기회를 제공할 것이다. 또한, 학생들이 자기 능력에 맞게 학습 속도를 조절할 수 있도록 유연한 학습 환경을 조성할 것이다.

개인 맞춤형 학습 경험 제공

미래교육의 교육 플랫폼은 학생들의 학습 경험을 개인 맞춤형으로 제공할 것이다. 이를 위해 학생들의 학습 수준, 학습 스타일, 관심사 등을 고려하여 맞춤형 학습 콘텐츠를 제공하거나, 학생들의 학습 결과를 분석하여 그에 맞는 개인 맞춤형 학습 전략을 제시할 것이다.

글로벌 교육 플랫폼 구축

미래교육의 교육 플랫폼은 글로벌 교육 플랫폼을 구축하여 전 세계 학생들이 함께 학습할 수 있는 환경을 제공할 것이다. 이를 위해 다양한 언어로 학습 콘텐츠를 제공하고, 다양한 국적의 학생들이 참여할 수 있는 교육 프로그램을 제공할 것이다.

새로운 학습 모델 개발

미래교육의 교육 플랫폼은 새로운 학습 모델을 개발하여 학생들의 학습 효율성과 효과성을 높일 것이다. 예를 들어, 학생들이 더욱 자유롭게 학습할 수 있는 개방형 학습 모델이나, 다양한 학습 경로를 제공하는 혼합형 학습 모델 등이 있을 것이다.

이러한 방식으로 미래교육의 교육 플랫폼은 학생들의 학습 경험을 혁신적으로 변화시킬 것이다. 따라서, 학생들이 더욱더 창의적이고 혁신적인 사고와 문제해결 능력을 갖추고, 미래의 세계에서 경쟁할 수 있는 역량을 갖출 수 있도록 교육과정과 교육 방법도 변화할 것이다.

참여와 창의성

미래교육에서는 기존의 일방적 지식 전달 방식에서 벗어나, 학생들의 참여와 창의성을 존중하는 교육방식을 적용할 것이다. 이를 위해 학생들이 자유롭게 아이디어를 제시하고, 문제를 해결할 수 있는 활동을 적극적으로 도입할 것이다. 예를 들어, 학생들이 프로젝트나 챌린지를 수행하면서 협력과 창의성을 발휘할 수 있는 환경을 조성할 것이다.

맞춤형 학습

미래교육에서는 더욱 맞춤형 학습을 적용할 것이다. 학생들은 개인 맞춤형 학습 경로를 선택하고, 자신의 학습 수준에 맞게 학습을 진행할 수 있다. 이를 위해 학생들의 학습 결과를 분석하고, 그에 따른 맞춤형 학습 전략을 제공할 것이다. 또한, 학생들이 학습 내용을 다양한 방법으로 습득할 수 있도록 다양한 학습 자원과 도구를 제공할 것이다.

AI의 중요성

미래교육에서는 인공지능 기술이 핵심적인 역할을 할 것이다. 인공지능 기술은 학생들의 학습 결과를 분석하고, 맞춤형 학습 전략을 제공하는 데 활용될 것이다. 또한, 학생들의 학습 스타일을 분석하고, 그에 맞는 학습 경로를 제공할 수 있다. 이를 통해 학생들은 더 효율적인 학습 경험을 쌓을 수 있을 것이다.

총론적으로, 미래교육의 교육 플랫폼은 기존의 교육방식과 전통적인 교실에서 벗어나, 더욱더 역동적이고 유연한 학습 경험을 제공할 것이다. 이를 통해 학생들은 미래의 세계에서 필요한 역량과 기술을 습득할 수 있을 것이다.

Q. 학교에서 디지털 시민의식을 어떻게 교육할 수 있을까?

【ChatGPT】

디지털 시민의식 강조 교육

학교에서 디지털 시민의식을 교육하는 가장 기본적인 방법은 강조 교육이다. 학생들에게 인터넷, 스마트폰, 소셜 미디어 등의 사용법을 교육하는 것뿐만 아니라, 개인 정보 보호, 사이버 범죄, 저작권, 편견, 허위 정보 등 디지털 시대에서 발생할 수 있는 다양한 문제점에 대해 교육한다.

디지털 시민의식 실습

디지털 시민의식을 교육하는 가장 효과적인 방법은 학생들이 직접 디지털 시민의식을 발휘하며 실습하는 것이다. 이를 위해서는 다양한 프로젝트나 활동을 통해 학생들이 자신의 의견을 제시하고, 문제를 발견하고, 해결책을 모색하는 과정에서 디지털 시민의식을 키워나갈 수 있도록 한다.

인터넷 사용 규칙 만들기

학교에서는 학생들이 인터넷을 이용하는 규칙을 만들어서 적용해야 한다. 이를 통해 학생들은 인터넷 사용의 기본 원칙과 법적인 책임에 대해 이해하고, 디지털 시민의식을 강화할 수 있다.

교사들의 역할

디지털 시민의식을 교육하는 가장 중요한 역할은 선생님들에게 있다. 선생님들은 디지털 시민의식이 중요하다는 것을 학생들에게 계속 강조하고, 학생들의 디지털 시민의식을 지속해서 평가하고 지도해야 한다.

학부모와의 협력

마지막으로, 학부모들과의 협력이 필요하다. 디지털 시대에서는 학생들의 인터넷 사용은 학교뿐만 아니라 집에서도 이루어지기 때문에, 학부모들도 디지털 시민의식에 대한 교육이 필요하다. 학부모들과 함께 디지털 시민의식에 대한 정보를 제공하고, 인터넷 사용 규칙을 만들어서 학생들이 안전하게 인터넷을 사용할 수 있도록 돕는 것이 중요하다.

효과적인 교육 자료 활용

디지털 시민의식을 교육하는 데에는 다양한 교육 자료를 활용할 수 있다. 인터넷에서 제공하는 교육 동영상, 온라인 교육 프로그램, 게임 등을 활용하여 학생들이 쉽게 디지털 시민의식을 이해하고, 실제로 적용할 수 있도록 도와줄 수 있다.

선진국 사례 참고

마지막으로, 디지털 시민의식을 교육하는 데에는 선진국의 사례를 참고하는 것이 도움이 된다. 선진국들은 디지털 시민의식을 교육하는 다양한 방법을 개발하고 적용하고 있으며, 이러한 방법들을 참고하여 한국의 교육에 적용할 수 있다.

위와 같이 디지털 시민의식을 교육하는 데에는 다양한 방법이 있으며, 이러한 방법들을 종합적으로 활용하여 효과적인 교육을 이어 나갈 필요가 있다.

Q. 급변하는 교육환경 속에서 최선의 교육 시스템은 무엇일까?

【ChatGPT】

개별화된 교육

학생들은 서로 다른 수준과 학습 속도를 가지고 있으므로, 개별화된 교육이 필요하다. 이를 위해서는 학생들의 학습 수준과 성향을 파악하여 맞춤형 학습 계획을 제공해야 한다.

유연성

빠르게 변하는 교육환경에서는 유연성 있는 교육 시스템이 필요하다. 유연성은 학생들의 개별적인 학습 요구에 맞게 교육 일정, 교육 방법 등을 조정할 기회를 제공하는 것이다.

자기 주도 학습

학생들은 직접 학습 내용을 찾아보고, 문제를 해결하며, 자기 능력을 발휘하면서 학습해야 한다. 따라서 학생들이 자신의 학습 방법을 선택하고, 학습 환경을 조성할 수 있도록 유도하는 것이 중요하다.

창의적인 학습

빠르게 변하는 시대에서는 미래에 필요한 역량 중 하나로 창의적인 문제해결 능력이 필수적이다. 따라서 교육 시스템은 학생들이 창의적인 문제해결 능력을 발휘할 수 있는 환경을 제공해야 한다.

기술과 함께하는 학습

현재는 기술과 인공지능이 교육에 큰 역할을 하고 있다. 따라서 교육 시스템은 학생들이 기술을 활용하여 학습을 진행할 수 있도록 지원하는 것이 필요하다.

이러한 특징을 가진 교육 시스템은 학생들이 자기 능력과 관심사를 개발하고, 적극적인 학습자로서 성장할 수 있도록 지원하며, 미래사회에서 요구되는 역량을 갖출 수 있도록 도와줄 것이다.

Q. IB 교육이 에듀테크 접목에 최선의 방안과 도입 시 장점 및 단점은?

【ChatGPT】

IB 형태의 교육과 에듀테크 접목

서로 다른 방향성을 가지고 있다. IB 교육은 학생들의 창의성과 비판적 사고능력을 중시하며, 문제해결 능력과 자기 주도적 학습을 강조한다. 에듀테크는 기술적인 도구와 서비스를 활용하여 학습 경험을 개선하고 학생들이 더 많은 정보와 지식을 습득할 수 있도록 돕는 것을 목표로 한다.

상호 보완관계

그러나 IB 교육과 에듀테크는 상호 보완적인 관계를 맺을 수 있다. 예를 들어, 에듀테크를 활용하여 IB 교육에서 강조하는 창의성과 비판적 사고능력을 더욱 발전시킬 수 있다. 또한, IB 교육에서 강조하는 자기 주도적 학습을 위해 에듀테크를 활용하여 개별적인 학습 계획을 수립하고 진행할 수 있다. 따라서, IB 형태의 교육과 에듀테크의 접목은 향후 교육 분야에서 유망한 방안 중 하나일 수 있다.

장점

국제적인 경쟁력 강화

IB 형태의 교육을 도입하면 학생들은 국제 수준에서 경쟁력을 갖출 수 있다. IB 프로그램은 국제적으로 인정받는 과정으로, IB 수료자들은 해외 대학 진학 등의 경쟁력을 가질 수 있다.

학생의 능동적인 참여 유도

IB 프로그램은 학생들의 능동적인 참여와 자기 주도적인 학습에 중점을 두고 있다. 이를 통해 학생들은 자신의 학습 과정을 직접 관리하고, 문제해결 능력과 창의력 등 다양한 역량을 키울 수 있다.

창의적인 교육 방법 적용

IB 프로그램은 학생들이 창의적이고 비판적으로 사고할 수 있도록 하는 교육 방법을 적용한다. 이를 통해 학생들은 단순한 지식 습득에 그치지 않고, 자기 생각을 바탕으로 문제를 해결할 수 있는 능력을 갖출 수 있다.

단점

학생들의 부담 증대

IB 프로그램은 전통적인 교육 방법에 비해 학생들의 참여와 노력이 필요하다. 따라서, 학생들이 부담을 느끼거나 스트레스를 받을 수 있다.

교사들의 역량 부족

IB 프로그램은 교사들이 높은 수준의 교육 역량과 경험이 필요하다. 이에 대한 대응이 미흡하면, 교사들의 역량 부족으로 인한 문제가 발생할 수 있다.

교육비용 증대

IB 프로그램은 다른 교육 프로그램에 비해 비용이 많이 드는 편이다. 따라서, IB 프로그램을 도입하는 학교들은 추가적인 비용 부담을 감수해야 한다.

국내 대학 진학의 어려움

한국에는 아직 IB 프로그램에 대한 인식과 이해가 낮은 상황이다. 이에 따라, IB 수료자들이 국내 대학 진학하는 데 어려움을 겪을 수 있다. 따라서, 국내 대학들이 IB 수료자들의 학력을 적극적으로 인정하고, 입학에 대해 적절한 대처를 해야 한다.

국내 교육 체계와의 불일치

IB 프로그램은 국제적인 수준에서 인정받는 교육 프로그램이지만, 한국의 교육 체계와는 차이가 있을 수 있다. 이에 따라, IB 프로그램을 도입하는 학교에서는 교육 체계와의 불일치 문제를 해결해야 한다.

참여율 저하

IB 프로그램은 일부 학생들에게는 적합하지 않을 수 있다. 이에 따라, IB 프로그램에 참여하는 학생들의 수가 예상보다 적을 수 있다.

따라서, IB 프로그램을 도입할 때는 위와 같은 부작용에 대한 대응책을 마련하고, IB 프로그램의 특징을 잘 이해하고 적절히 적용해야 한다. 이를 통해 학생들의 교육 수준을 높이는 것은 물론, 국제적인 경쟁력을 갖춘 인재를 양성하는 데 큰 도움이 될 수 있다.

Q. 교육환경에 따라 커리큘럼도 변경되는데 교육의 일관성을 유지할 수 있을까?

【ChatGPT】

교육의 일관성을 유지하는 것은 중요하기 때문에 교육의 목적과 목표를 명확히 하고, 이를 바탕으로 커리큘럼을 설계해야 한다. 또한, 커리큘럼을 설계할 때는 교육의 핵심 역량과 학생들이 필요로 하는 지식과 기술을 고려해야 한다. 이러한 역량과 지식, 기술은 교육과 산업계의 전문가들과 함께 평가하고, 분석하여 결정하는 것이 좋다.

교육을 수행하는 교사들은 교육 정책과 커리큘럼에 대한 교육을 받아 교육의 방향성과 일관성을 유지해야 한다. 또한, 교육과정에서 현장의 이슈와 문제점에 대해서는 교육기관과 교육 당국이 적극적으로 반영하여 수정해 나가는 것이 중요하다.

교육과정에서는 평가와 피드백이 중요하다. 학생들의 학습성과를 체크하고, 그에 따라 교육과정을 조정하며 지속적인 피드백을 제공하여 교육의 일관성을 유지할 수 있다. 이러한 방법들을 활용하여 교육의 일관성을 유지하고, 미래 교육의 흐름에 대응하여 적극적으로 대처해 나가는 것이 중요하다.

전문가들과의 협업과 평가가 중요한 것은 맞지만, 교육의 일관성을 유지하는 데는 추가적인 방법들이 필요하다. 예를 들어, 교육기관이나 교육 당국에서는 커리큘럼에 대한 지속적인 평가와 업데이트를 수행하여, 최신 트렌드와 기술을 반영하고, 학생들이 더 나은 교육을 받을 수 있도록 지속해서 개선해 나가야 한다.

교사들은 교육 정책과 커리큘럼에 대한 이해와 함께 교육 방법 및 평가 기준 등에 대한 통일성을 유지할 필요가 있다. 이를 위해서는 교육기관에서 교사들의 교육과 평가 등에 대한 지속적인 역량 강화를 수행하고, 이를 토대로 교사들이 학생들에게 일관성 있는 교육을 제공할 수 있도록 지원해야 한다.

교육과정에서는 학생들의 다양한 학습방식과 개인적인 성향을 고려하여 개인 맞춤형 교육을 제공하는 것이 중요하다. 이를 위해서는 교육기관에서 다양한 교육 방법과 도구를 제공하고, 교사들이 이를 적극적으로 활용하여 학생들의 다양한 학습방식을 수용하고 적절한 지도를 제공할 수 있도록 지원해야 한다.

마지막으로, 교육과정에서 학생들의 참여와 창의성을 존중하고 즐기는 교육환경을 조성하는 것도 중요하다. 이를 위해서는 교육기관에서 학생들의 자율성과 참여를 촉진하는 교육 방법과 프로그램을 제공하고, 학생들의 창의성과 적극성을 존중하고 지원하는 교육환경을 조성해야 한다. 이러한 방법들을 통해 교육의 일관성을 유지하면서도, 더 나은 교육을 제공할 수 있도록 노력해야 한다.

Q. 빅데이터, 인공지능 등을 기존 교육으로 어떻게 가르치고 그 정보를 전달할까?

【ChatGPT】
빅데이터와 인공지능과 같은 새로운 기술과 개념을 기존 교육에 효과적으로 가르치고 전달하기 위해서는 다음과 같은 방법을 활용할 수 있다.

적극적인 정보기술 활용
빅데이터와 인공지능과 같은 기술들은 정보기술의 한 분야이다. 따라서 교사들은 이러한 기술들을 적극적으로 활용하며, 이를 통해 학생들이 관련 개념과 사용법을 습득할 수 있도록 지원해야 한다.

문제해결 중심의 학습
빅데이터와 인공지능과 같은 새로운 기술들은 현실 문제해결에 큰 역할을 한다. 따라서 이러한 기술들을 기반으로 한 문제해결 중심의 학습을 적극적으로 활용하여 학생들이 실제 문제를 해결하는 과정에서 이러한 기술들을 습득할 수 있도록 지원해야 한다.

학생들의 창의적인 활용 지원
빅데이터와 인공지능과 같은 기술들은 학생들의 창의성을 끌어내고, 문제해결 능력을 강화할 수 있는 도구이다. 따라서 교사들은 학생들이 이러한 기술들을 창의적으로 활용할 수 있는 교육 방법을 개발하고, 학생들이 이러한 기술들을 직접 활용하며 창의적인 아이디어를 생각하고 구현할 수 있도록 지원해야 한다.

교사와 교육자들의 역량 강화

빅데이터와 인공지능과 같은 새로운 기술들은 교육자들의 전문적인 지식과 역량이 필요하다. 따라서 교사들은 이러한 기술들에 대한 전문적인 지식을 습득하고, 이를 효과적으로 학생들에게 전달할 수 있도록 지원해야 한다.

위와 같은 방법들을 활용하여 빅데이터와 인공지능과 같은 새로운 기술들을 기존 교육에 효과적으로 가르치고 전달할 수 있을 것이다. 이러한 노력이 모두 결합하여 학생들이 더욱 높은 수준의 지식과 역량을 갖추어 미래사회에서 발생할 문제들을 예측하고 해결할 수 있는 능력을 갖추게 해줄 것이다.

또한 이러한 방법들을 통해 학생들이 실제 현실에서 이러한 기술들을 활용할 수 있는 능력을 갖추게 해주며, 이를 통해 미래사회에서 요구하는 인재들을 양성할 수 있을 것이다.

하지만 이러한 방법들을 효과적으로 적용하기 위해서는 교육 관계자들의 적극적인 노력이 필요하다. 예를 들어, 학교 내에서 정보기술을 적극적으로 도입하고 이를 활용한 교육 방법을 개발하고, 교사들이 이를 습득하고 학생들에게 전달할 수 있도록 지원하는 등의 노력이 필요하다.

이러한 교육 방법을 개발하기 위해서는 교육 관련 분야의 전문가들이 함께 협력해야 한다. 이러한 노력이 모두 결합하여 미래사회에서 요구하는 인재들을 양성할 수 있는 교육이 실현될 것이다.

3. 에듀테크

Q. 학교의 보안을 어떻게 강화해야 할까?

【ChatGPT】

학교의 보안에 있어 디지털 중심과 아날로그 중심 중 어느 것이 더 효과적인지는 상황과 방식에 따라 다를 수 있다. 따라서, 학교의 보안을 강화하고자 할 때는 다음과 같은 사항을 고려할 필요가 있다.

첫째, 적극적인 교육활동을 통한 정보보호 의식 확산이다. 학생, 교사, 학부모 등 모든 교육 참여자들에게 정보보호의 식을 확산시키는 것이 중요하다. 이를 위해, 학교에서는 정보보호에 대한 적극적인 교육활동을 추진할 필요가 있다. 학생들에게는 온라인 위험에 대한 경각심과 안전한 인터넷 이용 방법, 컴퓨터 및 모바일 기기 보호 등에 대한 교육을 시행할 수 있고, 교사와 학부모에게는 교육 참여자들의 정보보호 교육과 보호 활동에 대한 교육이 필요하다.

둘째, 디지털 기술과 아날로그 방식의 조합을 통한 보안 강화다. 디지털 기술과 아날로그 방식을 조합하여 보안을 강화할 수 있다. 학교에서는 CCTV, 출입 통제 시스템, 암호화된 네트워크 및 저장소 등 디지털 기술을 적극적으로 활용하여 보안 강화를 추진할 수 있고, 물리적인 보안 조치, 예를 들면 잠금장치나 보안 경비원 등 아날로그 방식의 보안 조치를 병행하여 적극적인 보안 방식을 사용할 수 있다.

셋째, 보안 업데이트와 모니터링 시스템을 운영하는 것이다. 보안에 대한 이해도와 보안 위험에 대한 인식이 높은 교육기관에서도 보안 사고가 발생할 수 있다. 따라서, 학교에서는 보안 시스템을 업데이트하고, 보안을 지속해서 모니터링할 필요가 있다. 이를 통해, 보안 사고가 발생할 때 빠르고 적극적으로 대응할 수 있다.

총론적으로 디지털 중심과 아날로그 중심 중 무엇이 더 효과적인지는 상황에 따라 다를 수 디지털 보안은 현대사회에서 매우 중요한 문제이기 때문에, 학교에서도 적극적인 대응이 필요하다. 아날로그 시스템은 보안 면에서는 상대적으로 취약할 수 있으며, 디지털 시스템은 보안에 대한 대비가 필요하다. 그러나 디지털 시스템은 효율성과 편의성이 높아서 적절한 보안 대책을 마련하고 관리한다면 아날로그 시스템보다 더욱 효과적일 수 있다.

학교에서는 디지털 시스템을 적극적으로 활용하면서도 보안에 대한 교육과 대책을 강화하는 것이 필요하다. 학생들에게 인터넷 사용의 위험성과 개인정보 보호 등에 대한 교육을 진행하고, 학교 시스템에서는 보안 프로그램과 엄격한 접근 권한 관리를 시행하는 등 적극적인 대응이 필요하다.

또한 학생들의 사용 환경과 디지털 교육 자료의 보안에 대한 관리도 중요하다. 따라서 학교에서는 디지털 시스템과 아날로그 시스템 모두를 적절하게 활용하면서 보안에 대한 적극적인 대책을 마련하는 것이 필요하다.

Q. 에듀테크를 통해 교육에 공정성을 더해나갈 방법은?

【ChatGPT】
공정성 확보

첫째, 인공지능과 빅데이터를 활용하여 개인 맞춤형 학습 환경을 구성하는 것이다. 이를 통해 학생들은 개개인의 학습 특성에 맞추어 최적의 학습 경로를 선택하고, 학습 효율성을 높일 수 있다. 또한 학생들의 학습 데이터를 수집하고 분석하여 학생들의 학습 수준을 파악하고, 그에 따른 맞춤형 교육 프로그램을 제공할 수 있다.

둘째, 디지털 교재와 온라인 강의를 활용하여 지역과 학교 간 교육격차를 해소하는 것이다. 인터넷 환경과 디바이스가 갖추어져 있다면 어디서든 학습할 수 있으므로 지역적인 제한을 받지 않는다. 또한, 디지털 교재와 온라인 강의는 인쇄비용과 운송비용 등을 절감할 수 있어서 학습 자원의 불균형 문제를 해결할 수 있다.

하지만, 이러한 에듀테크를 도입할 때는 공정성 문제를 고려해야 한다. 예를 들어, 원격수업을 통해 학습을 진행하는 경우 인터넷이 원활하지 않거나 디바이스가 부족한 학생들은 학습에 제약받을 수 있다. 또한, 학생들의 학습데이터가 민감한 정보를 포함하고 있으므로 개인정보 보호 문제도 고려되어야 한다. 따라서 에듀테크 도입 시 이러한 문제들을 고려하여 공정성을 보장하는 방안을 마련해야 한다.

공교육 신뢰 회복

첫째, AI 교육을 도입하는 것 자체가 혁신적인 시도이기 때문에 이를 체계적으로 관리하고, 지속해서 발전시키는 것이 중요하다. 적극적인 지원과 투자를 통해 AI 교육의 발전을 끌어내고, 교육의 질과 효과성을 측정하고 개선해 나가는 것이 필요하다.

둘째, AI 교육을 통해 개인 맞춤형 교육을 제공할 수 있다. 학생들은 개인의 수준에 맞추어 적절한 교육을 받게 되며, 이는 학생들의 학습 효율성과 만족도를 높여준다. 이러한 개인 맞춤형 교육은 공교육의 신뢰성을 높일 수 있다.

셋째, AI 기술을 적용하여 교육 데이터를 수집하고 분석함으로써 교육과정에서 발생하는 문제점을 빠르게 파악하고 개선하는 것이 중요하다. 이를 통해 학생들의 학습 효과를 극대화할 수 있고, 교육의 효율성을 높여 신뢰성을 높일 수 있다.

AI 교육을 통해 공교육의 신뢰를 회복하는 것은 쉬운 일이 아니다. 하지만 AI 기술을 체계적으로 관리하고, 개인 맞춤형 교육을 제공하며, 데이터를 수집하고 분석하여 개선해나가는 노력을 하면서 교육의 효율성을 높여나가면서 신뢰를 회복할 수 있을 것이다.

Q. AI를 사용하는 방법을 학습시키는 교과과정이 필요할까?

【ChatGPT】

현재 많은 교육 전문가들 사이에서 논의되고 있는 주제 중 하나이다. AI 기술의 발전으로 인해, 인공지능을 활용한 문제해결 능력은 더욱 중요한 역할을 할 것으로 예상된다. 따라서 AI를 활용한 학습 방법에 대한 교육이 필요할 수 있다.

AI를 활용한 학습 방법 교육은 다양한 형태로 이루어질 수 있다. 예를 들어, 학생들이 인공지능을 활용하여 데이터 분석과 처리, 문제해결, 자동화된 시스템 개발 등을 수행하는 프로젝트를 수행하도록 유도할 수 있다.

또한, AI를 활용한 학습 방법에 대한 간단한 교육과정을 제공하여 학생들이 AI의 기본 원리와 개념을 이해하고, 적절한 상황에서 AI를 적용할 수 있는 능력을 갖출 수 있도록 도와줄 수 있다.

하지만, AI를 사용하는 방법을 학습시키는 교과과정을 도입하기 전에는, 교육기관들과 교육 전문가들이 AI가 교육에 미치는 영향과 대응 방안 등을 더욱 심도 있게 연구하고 논의해야 한다. 이를 통해 효과적인 AI 교육 방법을 찾아낼 수 있을 것이다.

AI를 사용하는 방법을 학습시키는 교과과정을 도입하려면, 먼저 AI 기술이 교육에 어떤 영향을 미치는지에 대해 깊이 있는 이해가 필요하다. 예를 들어, AI가 기존 교육방식을 바꾸는 데 어떤 영향을 미치는지, AI를 사용하여 학습한 결과의 신뢰성과 타당성은 어떤지 등을 고려해야 한다.

또한, AI를 사용하는 방법을 학습시키는 교과과정은 다양한 형태로 이루어질 수 있다. 예를 들어, 인공지능을 사용하여 데이터 분석과 처리, 문제해결, 자동화된 시스템 개발 등을 수행하는 프로젝트를 수행하도록 유도할 수 있다. 또한, AI를 활용한 학습 방법에 대한 간단한 교육과정을 제공하여 학생들이 AI의 기본 원리와 개념을 이해하고, 적절한 상황에서 AI를 적용할 수 있는 능력을 갖출 수 있도록 도와줄 수 있다.

하지만, AI를 사용하는 방법을 학습시키는 교과과정을 도입하기 전에는 교육기관들과 교육 전문가들이 AI가 교육에 미치는 영향과 대응 방안 등을 더욱 심도 있게 연구하고 논의해야 한다. 이를 통해 효과적인 AI 교육 방법을 찾아낼 수 있을 것이다. 또한, AI 교육을 제공하는 데에 있어서는 데이터 보호와 같은 이슈들도 고려해야 한다.

마지막으로, AI 교육은 단순히 기술을 전달하는 것이 아니라, 학생들이 인공지능을 적극적으로 활용하여 문제를 해결할 수 있는 능력을 갖추도록 도와주는 것이 중요하다. 따라서, AI 교육은 현실적인 문제를 해결할 수 있는 실제적인 문제를 다루는 것이 중요하다.

Q. 교육부 장관이나 교육감으로서 갖추어야 할 역량은 무엇일까?

【ChatGPT】

교육부 장관이나 교육감으로서 갖추어야 할 역량은 다양한데, 가장 중요하게 갖춰야 하는 역량은 리더십과 관리 능력이다. 교육감은 교육 현장에서 학생들과 교사들을 지도하며, 교육과정과 학교 운영에 대한 전반적인 책임을 진다. 따라서, 교육감은 리더십과 관리 능력이 필요하다.

하지만, 미래에 변화에 대한 적극적인 대처 능력과 혁신적인 아이디어를 창출하는 능력이 더욱 중요해질 것으로 예상된다. 디지털 기술의 발전으로 데이터를 활용한 의사결정과 인공지능을 활용한 교육 프로그램 등 새로운 기술이 등장하고 있다. 이에 따라, 교육감은 이러한 새로운 기술을 적극적으로 활용하여 교육 현장을 더욱 효율적으로 운영할 수 있는 능력이 필요하다.

다문화, 다양성 등 사회적인 변화에 대한 이해와 대처 능력도 중요한 역량으로 평가된다. 현재 한국 사회는 다양한 인종, 문화, 국적의 사람들이 함께 살아가는 다문화 사회이다. 이에 따라 교육감은 다양성을 존중하고 다양한 문화와 국적의 학생들에 대한 이해와 배려가 필요하다.

또한, 교육부 장관이나 교육감으로서는 국가 교육 정책의 책임이 있다. 따라서, 정책적인 측면에서도 변화에 대한 미래지향적인 전략 수립과 실행 능력이 필요하다. 이를 위해, 교육부 장관이나 교육감은 혁신적인 아이디어를 창출하고 이를 실행하는 역량이 필요하다.

요약하면, 교육부 장관이나 교육감으로서 갖추어야 할 역량은 리더십과 관리 능력에 더해, 변화에 대한 적극적인 대처 능력과 혁신적인 아이디어를 창출하는 능력, 다양성과 사회적 변화에 대한 이해와 대처 능력, 그리고 미래지향적인 전략 수립과 실행 능력 등이 중요하다. 특히, 디지털 기술의 발전과 데이터를 활용한 의사결정, 인공지능을 활용한 교육 프로그램 등 새로운 기술 등장에 대한 이해와 대처 능력이 필요하다.

교육부 장관이나 교육감은 교육 분야에서의 변화에 대해 적극적으로 대처할 수 있는 능력과 역량을 가져야 한다. 이를 위해서는 다양한 교육 분야에 대한 이해와 전문성, 혁신적인 아이디어를 창출할 수 있는 창의성, 그리고 다양한 이해관계자와 협력할 수 있는 능력 등이 필요하다.

또한, 교육부 장관이나 교육감은 교육 현장에서 일하는 교사들과 학생들의 의견을 적극적으로 수용하고 이를 적절하게 반영하는 능력이 필요하다. 교육은 교사와 학생, 학부모 등 다양한 이해관계자들의 공동 노력이 필요한 분야이므로, 이들과 원활한 소통과 협력이 필요하다.

학교의 최고 의사결정자인 교육감이 가장 중요하게 갖춰야 하는 역량은 여전히 리더십과 관리 능력이 중요하지만, 미래에 변화에 대한 적극적인 대처 능력과 혁신적인 아이디어를 창출하는 능력이 더욱 중요해질 것으로 예상된다.

디지털 기술이 발전하면서 데이터를 활용한 의사결정과 인공지능을 활용한 교육 프로그램 등 새로운 기술이 등장할 것이기 때문에 이를 예측하고 적극적으로 대응할 수 있는 미래지향적인 인재가 요구될 것이다. 또한 다문화, 다양성 등 사회적인 변화에 대한 이해와 대처 능력도 중요한 역량으로 평가될 것이다.

Q. AI에 의해 대체되어 사라질 직업들에 대한 교육을 계속 이어 나가야 할까?

【ChatGPT】

사라질 직업들에 대한 교육을 계속 이어 나가는 것은 중요한 문제이다. 이는 일부 산업 분야에서 직업의 자동화와 인공지능 기술의 발전으로 인해 발생하기 때문이다.

하지만 이에 대한 해결책으로는 오로지 직업의 대체될 가능성이 있는 기술을 배우는 것이 아니라, 새로운 직업과 산업 분야에 대한 지식과 기술을 강화하는 것이 더욱 필요하다. 또한, 학생들에게는 창의적인 문제해결 능력과 협력적인 학습 능력을 갖출 수 있도록 교육해야 한다. 이를 통해 새로운 직업 분야에서 일하는 능력과 기술을 습득하고 적응할 수 있다.

또한, 직업의 대체될 가능성이 있는 분야에서 일하는 노동자들에 대해서는 지속적인 교육과 재교육을 지원해야 한다. 이를 통해 노동자들이 새로운 직업 분야에서 적극적으로 일할 수 있도록 지원할 수 있다.

따라서, AI에 의해 대체될 가능성이 있는 직업들에 대한 교육보다는 새로운 직업과 산업 분야에 대한 지식과 기술을 강화하는 것이 더욱 중요하다. 그리고 이미 일하고 있는 노동자들에 대해서는 지속적인 교육과 재교육 지원이 필요하다.

제시된 답변에 대해 보완할 점은, AI에 의해 대체될 가능성이 있는 직업에 대한 교육은 완전히 무의미한 것은 아니라는 점이다. 일부 직업 분야에서는 아직 인간의 역량이 필요한 부분이 존재하며, 이러한 분야에서는 새로운 기술을 배우는 게 중요하지만, AI가 대체할 가능성이 큰 직업 분야에서는 해당 분야에서의 역량을 더욱 강화하면서, 다른 직업 분야로의 전환을 준비하는 것도 중요하다.

AI 산업에 대한 지식과 기술을 강화하는 것도 중요하지만, 이를 위한 교육방식도 적극적으로 변화시켜 나가야 합니다. 예를 들어, 미래의 직업을 대비하여 코딩교육을 강화하는 것은 좋은 방법의 하나지만, 창의적인 문제해결 능력, 협력적인 학습 능력 등 인간적인 능력을 발전시키는 교육방식도 함께 강화해야 한다.

또한, 노동자들의 지속적인 교육과 재교육 지원뿐만 아니라, 일자리 창출을 위한 적극적인 정책과 지원도 중요하다. 새로운 산업 분야를 육성하고, 일자리를 창출하는 것은 노동자들이 일자리를 잃을 가능성을 줄이고, 새로운 일자리에 대한 수요를 충족시키는 데 큰 역할을 할 수 있다.

마지막으로, AI에 의한 직업 대체는 불가피한 추세이기 때문에,

이를 인식하고 적극적으로 대처해 나가는 것이 중요하다. 노동자들의 역량 강화와 새로운 일자리 창출뿐만 아니라, 정부와 기업들은 이러한 추세를 인식하고, 인공지능 기술을 적극적으로 활용하면서도, 사회적 가치와 윤리를 고려하는 방향으로 발전시켜 나가야 한다.

Q. 이른 나이에 디지털 콘텐츠를 접하는 것의 문제점과 이를 해결할 방안은?

【ChatGPT】

디지털 중독

학생들이 디지털 콘텐츠에 매료되어 중독되는 경우가 있다. 이러한 중독은 학업에 지장을 끼치고, 건강 문제를 유발할 수 있다.

인터넷 안전 문제

디지털 콘텐츠를 접하면서 인터넷을 사용하는 경우, 해킹, 개인정보 유출 등의 문제가 발생할 수 있다.

적절하지 않은 콘텐츠

학생들이 디지털 콘텐츠를 선택할 때, 적절하지 않은 콘텐츠를 선택하는 경우가 있다. 이럴 때, 부적절한 언어나 폭력적인 콘텐츠 등으로 인해 학생들의 성격이나 행동에 악영향을 미칠 수 있다. 이러한 문제점을 해결하기 위해서는 다음과 같은 방안들이 필요하다.

디지털 중독 예방 교육

학생들에게 디지털 콘텐츠를 적절하게 사용하는 방법을 교육하여, 디지털 중독을 예방할 수 있다. 또한, 학생들이 인터넷을 사용할 때 안전한 사용 방법에 대해서도 교육할 필요가 있다.

적절한 콘텐츠 선택 교육

학생들에게 적절한 콘텐츠를 선택하는 방법을 교육하여, 부적절한 콘텐츠 선택을 예방할 수 있다. 또한, 부적절한 콘텐츠가 노출될 때 대처하는 방법도 교육할 필요가 있다.

부모와 교사의 협력

학생들이 디지털 콘텐츠를 적절하게 사용할 수 있도록, 부모와 교사들은 학생들에게 적절한 지도와 관심을 제공해야 한다. 또한, 학생들이 디지털 콘텐츠를 사용하는 시간과 사용량을 제한하고, 안전한 사용 방법에 대해서도 지도해 주어야 한다.

위와 같은 방안들을 통해 학생들이 이른 나이에 디지털 콘텐츠를 적절하게 사용하도록 지도하고, 안전하게 사용할 수 있는 교육 환경을 조성할 수 있다. 또한, 학교에서는 디지털 시민의식을 강화하기 위한 다양한 프로그램을 개발하고 운영할 수 있다.

예를 들어, 학교에서는 디지털 시민 교육 프로그램을 운영하여, 학생들이 인터넷 사용의 올바른 방법을 배울 수 있도록 할 수 있다. 학교에서는 학생들이 적극적으로 참여할 수 있는 프로젝트나 클럽 활동을 개선하여, 학생들이 다양한 콘텐츠를 경험하며 창의성을 발휘할 기회를 제공할 수 있다.

학교에서는 디지털 콘텐츠를 적극적으로 활용하여, 학생들이 흥미를 느끼고 학습할 수 있는 교육환경을 제공할 수 있다. 예를 들어, 학교에서는 VR(Virtual Reality)과 같은 새로운 디지털 기술을 활용하여, 학생들이 체험형 학습을 할 수 있도록 할 수 있다. 또한, 학교에서는 학생들이 직접 콘텐츠를 제작하거나, 프로그래밍 등의 코딩교육을 통해 창의성을 발휘할 수 있는 환경을 조성할 수 있다.

총체적으로, 학생들이 이른 나이에 디지털 콘텐츠를 접하는 것의 문제점을 예방하고, 적극적으로 활용할 수 있도록 디지털 시민교육 프로그램과 다양한 콘텐츠 활용 방법을 개발하고 운영하는 것이 중요하다. 이를 통해 학생들이 디지털 시대에 더욱 적극적으로 대응하고, 창의적인 미래를 준비할 수 있을 것이다.

Q. 에듀테크로 교육격차가 심해지지 않을까? 메타버스와 소셜 미디어 활용은?

【ChatGPT】
교육격차 극복

에듀테크가 교육격차를 심화시킬 가능성은 있지만, 적극적인 대응과 노력을 통해 극복할 수 있다. 에듀테크는 교육에 더 많은 기회와 자원을 제공할 수 있다. 하지만 도입이 적극적으로 이루어지지 않거나, 사용하는 학생들에게만 제한되면 교육격차가 심화할 가능성이 있다.

따라서 에듀테크의 도입과 사용에 대한 적극적인 대응과 노력이 필요하다. 특히, 학생들이 교육에서 밀릴 수 있는 그룹에 대한 지원이 필요하다. 이러한 그룹에는 경제적으로 불안정한 가정, 소수민족, 장애인 등이 포함될 수 있다. 이러한 그룹을 위한 추가적인 교육자원과 지원이 필요하다.

메타버스 교육

메타버스 공간에서 교육이 가능하다. 메타버스는 가상현실 기술을 기반으로 구현된 가상공간으로, 다양한 분야에서 활용할 수 있다. 교육 분야에서도 메타버스를 활용하여 가상 교실을 구현하고, 학생들이 가상현실 공간에서 학습을 할 수 있도록 서비스가 제공되고 있다. 이를 통해 시공간 제약 없이 학생들의 참여와 상호작용을 증진하며, 더욱더 혁신적이고 효과적인 학습 경험을 제공할 수 있다.

소셜 미디어 학교 교육 접목

소셜 미디어는 현재 매우 널리 사용되는 플랫폼이며, 교육 분야에서도 활용되고 있다. 이를 학교 교육에 접목하는 방법은 다양하다.

소셜 미디어를 사용한 협업 및 토론

학생들은 온라인 플랫폼을 통해 프로젝트를 수행하고 토론할 수 있다. 이를 통해 학생들은 협업 능력과 비판적 사고력을 함께 발전시킬 수 있다.

소셜 미디어를 사용한 학습 자료 제공

학생들은 강의나 과제를 수행하는 데 필요한 자료를 소셜 미디어를 통해 받을 수 있다. 이는 학생들이 수업 집중력을 유지하며 수업에서 다루는 내용을 좀 더 잘 이해할 수 있도록 도와준다.

소셜 미디어를 사용한 학생 참여

학생들은 소셜 미디어를 통해 수업 내용에 관한 질문이나 피드백을 제공할 수 있다. 이는 수업에 대한 참여도와 학생들의 학습에 대한 책임감을 높일 수 있다.

소셜 미디어를 사용한 학습 게임

학생들은 게임을 통해 학습할 수 있다. 이를 통해 학생들은 학습에 대한 흥미와 동기부여를 높일 수 있다.

Q. 교실 수업방식이 생존할 수 있을까. VR·AR을 활용한 학교 교육은 어떤 모습일까?

【ChatGPT】

미래에도 중요한 역할

교실 수업방식은 미래에도 여전히 중요한 역할을 할 것으로 보이다. 하지만 이전과는 달리 디지털 기술을 적극적으로 활용한 형태로 변화할 것으로 예상된다. 기존의 교실 수업방식에서는 교사 중심의 강의 형태였지만, 앞으로는 학생들의 참여도 높아질 것으로 보이다. 또한, 학생들이 자기 주도적으로 학습할 수 있는 개별화된 교육방식도 더욱 중요해질 것이다.

또한, 인공지능이나 가상현실과 같은 기술을 활용하여 학생들이 체험하고 느끼며 학습하는 형태의 수업이 더욱 늘어날 것으로 보이다. 이러한 기술은 학생들의 참여도와 이해도를 높여주고, 개별화된 학습에도 유리한 환경을 제공할 수 있다.

하지만 교실 수업방식이 변화하더라도, 교사의 역할은 여전히 중요하다. 교사는 학생들의 학습을 지도하고, 인간적인 가르침과 멘토링을 제공하며, 인공지능이나 기술적인 지식만으로는 대체할 수 없는 인간적인 가치를 제공할 수 있다. 따라서 교사들은 디지털 기술과 함께, 학생들이 성공적인 미래를 준비할 수 있도록 지속해서 발전하고 변화해 나가야 한다.

VR(가상현실)과 AR(증강 현실)이 용의 학교 모습은 학교 교육 분야에서 많은 활용 가능성을 보여주고 있다. VR과 AR은 학생들이 더 생생하게 체험하며 학습할 수 있는 환경을 제공하며, 이를 통해 학생들의 참여도와 이해도를 높일 수 있다.

예를 들어, VR 기술을 활용하면 지리, 역사, 과학 등 다양한 분야에서 다양한 체험학습을 제공할 수 있다. 학생들은 VR을 통해 실제로 여행을 간 것 같은 경험을 하며, 지식을 더 쉽게 습득할 수 있다. 또한, AR 기술을 활용하여 교과서나 강의 자료를 더 쉽게 이해하고, 시각적인 정보를 제공할 수 있다.

또한, VR과 AR 기술을 활용한 협업 학습도 가능하다. 학생들은 가상공간에서 함께 협력하여 문제를 해결하거나 프로젝트를 수행할 수 있다. 이를 통해 학생들은 협력과 의사소통 능력을 함께 발전시킬 수 있다.

하지만 VR과 AR 기술을 활용한 학교 교육도 그 자체로 충분한 교육적 가치를 제공하는 것이 아니며, 기술을 효과적으로 활용하기 위해서는 교사들과 학생들이 디지털 기술에 대한 이해와 능력을 갖추어야 한다. 따라서, 이러한 기술을 적극적으로 활용하면서도 학생들의 교육적 가치와 발전을 중시하며, 교사와 학생이 모두 함께 발전해 나가는 방향으로 교육이 진행되어야 한다.

4. AI 교육

Q. AI 교육 시대에 교실이 필요할까?

【ChatGPT】

AI 교육이 발전하더라도 교실이 여전히 필요하다. 교실은 학생들이 서로 소통하고 협력하며, 교사와 함께 배움을 공유하는 공간이다. AI 교육이나 에듀테크를 통해 학생들이 개별적으로 학습을 진행할 수는 있지만, 교실에서의 협력적인 학습과 논의는 여전히 중요하다.

또한 교실에서는 직접적인 교사의 개입을 통해 학생들이 적절한 지도와 피드백을 받을 수 있다. 따라서 AI 교육 시대에도 교실은 중요한 역할을 계속해서 할 것이다.

AI 기술이 발전하면서 인공지능을 활용한 교육 프로그램이 등장하고, 온라인 학습 등 개인 맞춤형 학습이 가능한 시대가 되었다. 이러한 변화에 따라 교실이 필요한가에 대한 의문이 제기될 수 있다.

하지만, 교실은 여전히 중요한 역할을 할 것이다. 교실은 학생들이 서로 소통하고 협력하며, 교사와 함께 배움을 공유하는 공간이다. 이는 개인 학습으로는 얻을 수 없는 장점이다. 교실에서 학생들은 서로 다른 생각과 관점을 공유하고 논의하며, 이를 통해 자기 생각을 발전시킬 수 있다.

또한, 교실에서는 교사가 직접 학생들에게 적절한 지도와 피드백을 제공할 수 있다. 교사는 학생들의 학습 상황을 파악하고, 그에 맞는 적절한 지도와 피드백을 제공하여 학생들이 더욱 효과적으로 학습할 수 있도록 도와준다.

AI 기술이 발전하면서 개인 맞춤형 학습이 가능해졌지만, 교실에서의 협력적인 학습과 논의는 여전히 중요하다. 교실에서 학생들은 서로 다른 생각과 관점을 공유하며, 이를 통해 자기 생각을 발전시키고 타인과의 협력을 경험할 수 있다.

따라서, AI 교육 시대에도 교실은 여전히 필요한 역할을 할 것이다. AI를 활용한 학습 방법과 교육 프로그램은 학생들에게 맞춤형 학습을 가능하게 하지만, 교실에서의 협력적인 학습과 교사의 지도는 여전히 중요한 역할을 할 것이다.

Q. AI 교육이 교사를 완전히 대체하는 게 가능할까?

【ChatGPT】
AI 교육이 교사를 완전히 대체하는 것은 현재로서는 어려울 것으로 예상된다. 교사는 학생들의 인간적인 측면을 감안하여 교육과정을 개인마다 유연하게 조정하고, 인간적인 가치, 도덕, 윤리 등을 가르치며, 학생들의 질문에 대한 답변과 피드백, 그리고 동기 부여와 지도를 제공하는 역할 등을 하고 있다. 이러한 역할은 인간의 감정과 사고, 창의성과 판단력 등이 필요하므로 AI 교육이 이러한 인간적인 측면을 대체하기는 어려울 것이다.

하지만 AI 교육은 교육과정에서 일부 부분을 보조하고 개선하는 역할을 할 수 있다. 예를 들어, AI 교육은 학생들의 학습 능력과 특성에 따라 맞춤형 교육을 제공하고, 학생들의 학습 진도나 이해도를 실시간으로 분석하여 개별적인 피드백을 제공하는 등의 역할을 할 수 있다. 따라서 AI 교육과 교사의 상호 보완적인 협력관계를 통해 교육 효과를 극대화할 수 있을 것이다.

AI 교육은 교사의 대체보다는 보조적인 역할을 하는 것이 더 적절할 것이다. 인간의 감정, 사고, 창의성, 판단력 등은 AI 기술로 대체될 수 없으므로, 이러한 측면에서는 교사의 존재가 여전히 중요하다. 그러나 AI 기술은 교육과정에서 데이터 수집, 분석, 개별화된 맞춤형 교육, 자동화된 피드백 및 진단, 그리고 학습자의 동기부여 및 학습 효과 측정 등에 효과적으로 활용될 수 있다. 또한 AI 기술은 교사가 시간적, 인적, 물적 제약 등으로 어려웠던 다양한 교육과정에서 지원 역할을 할 수 있으며, 교육의 효율성과 효과성을 증대시킬 수 있다. 따라서 AI 기술과 교사의 상호 보완적인 협력관계를 구축하여 교육과정을 개선하고 발전시키는 것이 중요하다.

Q. 에듀테크를 통해 교육에 공정성을 더해나갈 방법은?

【ChatGPT】

첫째, 인공지능과 빅데이터를 활용하여 개인 맞춤형 학습 환경을 구성하는 것이다. 이를 통해 학생들은 개개인의 학습 특성에 맞추어 최적의 학습 경로를 선택하고, 학습 효율성을 높일 수 있다. 또한 학생들의 학습 데이터를 수집하고 분석하여 학생들의 학습 수준을 파악하고, 그에 따른 맞춤형 교육 프로그램을 제공할 수 있다.

둘째, 디지털 교재와 온라인 강의를 활용하여 지역과 학교 간 교육격차를 해소하는 것이다. 인터넷 환경과 디바이스가 갖추어져 있다면 어디서든 학습할 수 있으므로 지역적인 제한을 받지 않는다. 또한, 디지털 교재와 온라인 강의는 인쇄비용과 운송비용 등을 절감할 수 있어서 학습 자원의 불균형 문제를 해결할 수 있다.

하지만, 이러한 에듀테크를 도입할 때는 공정성 문제를 고려해야 한다. 예를 들어, 원격수업을 통해 학습을 진행하는 경우 인터넷이 원활하지 않거나 디바이스가 부족한 학생들은 학습에 제약받을 수 있다. 또한, 학생들의 학습데이터가 민감한 정보를 포함하고 있으므로 개인정보 보호 문제도 고려되어야 한다. 따라서 에듀테크 도입 시 이러한 문제들을 고려하여 공정성을 보장하는 방안을 마련해야 한다.

Q. 학생 자율성을 높이는 AI 교육 방법이 무엇이 있을까?

【ChatGPT】

AI를 활용하여 학생의 자율성을 높이는 교육 방법은 다양하게 존재한다. 그중 일부 예시를 들어보면:

맞춤형 학습

AI를 이용하여 학생의 학습 능력과 성향에 맞는 맞춤형 학습 프로그램을 제공함으로써, 학생들이 자신의 속도와 방식에 맞게 학습할 수 있다.

문제해결 능력 강화

AI를 이용하여 학생들이 문제해결 능력을 강화할 수 있는 문제를 제공하고, 학생들이 직접 문제를 해결하도록 유도한다.

창의성 강화

AI를 이용하여 학생들이 창의성을 발휘할 수 있는 예술, 디자인, 음악 등의 분야에서 다양한 작품을 만들 수 있도록 돕는다.

프로젝트 학습

AI를 이용하여 학생들이 협력하여 프로젝트를 수행할 수 있도록 도와준다. 이를 통해 학생들은 문제해결 능력, 창의성, 협력 능력 등 다양한 역량을 함께 강화할 수 있다.

스마트 학습 환경

AI를 이용하여 학생들이 학습을 더욱 즐겁게 할 수 있는 스마트 학습 환경을 제공한다. 예를 들어, AI를 이용하여 학생들이 게임을 통해 학습을 할 수 있도록 하거나, 학생들이 선호하는 콘텐츠를 추천함으로써 학습 흥미를 높이다.

　이러한 방법들을 통해 AI 교육은 학생들의 자율성을 높일 수 있고, 개인 맞춤형 학습을 실현할 수 있어 교육의 효율성을 높일 수 있다.

Q. 교육격차 해소에 에듀테크가 어떤 역할을 하게 될까?

【ChatGPT】

에듀테크는 교육격차 해소에 중요한 역할을 할 수 있다.

접근성 향상

　에듀테크를 활용하면 교육이 도시와 시골, 대도시와 소도시, 빈곤층과 부유층 모두에게 동등한 기회를 제공할 수 있다. 특히 인터넷 환경이 빠르게 발전하고 있으며 스마트폰, 태블릿 등 다양한 기기를 사용할 수 있어 접근성이 더욱 높아졌다.

맞춤형 학습

　인공지능(AI)을 이용하면 학생들의 학습 성취도를 분석하여 맞춤형 학습 계획을 제공할 수 있다. 이는 학생들의 학습 능력에 따라 교육격차를 줄일 수 있다.

개인화 교육

　에듀테크를 이용하면 개인화 교육이 가능하다. 학생들의 학습 능력과 성향에 맞게 교육 콘텐츠를 제공하여 효과적인 학습을 돕는다.

협력 학습

에듀테크를 활용하면 학생들이 서로 협력하여 학습할 수 있다. 이를 통해 학생들은 자신의 역량을 더욱 향상하며, 다양한 배경을 가진 학생들이 서로 협력하면서 교육격차를 줄일 수 있다.

진로 교육

에듀테크를 이용하면 진로 교육이 더욱 정확하고 효과적으로 이루어질 수 있다. 인공지능을 활용하여 학생들의 학습성과와 성향을 분석하고, 적합한 진로를 제시하는 등 학생들이 미래에 대한 목표를 설정할 수 있도록 도움을 줄 수 있다.

이와 같은 방법으로 에듀테크가 교육격차 해소에 이바지할 수 있다.

Q. 학교 현장에 지금 당장 AI를 어떻게 활용할 수 있을까?

【ChatGPT】

개별 맞춤형 학습

AI는 학생들의 학습 능력과 수준을 파악하고, 그에 맞춰 맞춤형 학습을 제공할 수 있다. AI를 활용한 개별 맞춤형 학습은 학생들이 자기 능력에 맞게 학습할 수 있도록 도와준다.

학생 평가

AI는 학생들의 학습 능력을 평가하고, 학습 결과를 자동으로 분석할 수 있다. 학생 평가를 AI로 자동화하면 교사들이 학생들의 학습 상황을 빠르게 파악할 수 있어 개별 맞춤형 학습이 가능해진다.

AI 기반 학습 자료 제공

AI는 학생들이 수업에서 사용하는 학습 자료를 분석하고, 그에 따라 적절한 학습 자료를 제공할 수 있다. 또한 AI를 활용하여 학생들이 학습 자료를 더 쉽게 이해할 수 있도록 지원할 수 있다.

AI를 활용한 교육 콘텐츠 제작

AI를 활용하면 교육 콘텐츠를 더욱 효율적으로 제작할 수 있다. 예를 들어, AI를 사용하여 수학 문제를 자동으로 생성하거나, 국어 문장을 자동으로 분석하여 학생들이 쉽게 이해할 수 있도록 도와줄 수 있다.

AI를 활용한 교사 지원

AI를 활용하면 교사들이 학생들의 학습 상황을 더욱 효율적으로 파악할 수 있다. AI를 사용하여 학생들의 학습 상황을 모니터링하고, 교사들에게 적절한 조언을 제공할 수 있다. 또한 AI를 사용하여 교사들이 수업을 더욱 효과적으로 계획하고, 학생들의 학습에 더욱 집중할 수 있도록 도와줄 수 있다.

Q. AI 교육을 제공해주는 교사에게 필요한 역량은 무엇일까?

【ChatGPT】

첫째, AI 기술에 대한 이해와 활용 능력이 필요하다. AI 교육을 제공하는 사람들은 AI 기술의 기본 개념과 동작 원리, 그리고 다양한 AI 알고리즘 등에 대한 지식을 보유하고 있어야 한다. 또한 AI 기술을 활용하여 학생들이 적극적으로 참여할 수 있는 교육 콘텐츠를 개발하고, 학생들이 학습한 내용을 평가하고 분석할 수 있는 능력도 필요하다.

둘째, 교육에 대한 이해와 전문성이 필요하다. AI 교육을 제공하는 사람들은 교육 분야에 대한 전문지식과 경험을 갖추고 있어야 한다. 이는 학생들의 학습 특성과 교육 목표를 파악하고, 적절한 AI 교육 방법과 콘텐츠를 개발할 수 있는 기반을 제공하는 데 필요하다.

셋째, 학생 중심의 교육 철학과 문제해결 능력이 필요하다. AI 교육을 제공하는 사람들은 학생들의 학습 과정에서 문제를 인식하고, 그 문제를 해결할 수 있는 능력이 있어야 한다. 이는 AI 기술을 활용하여 학생들의 학습 과정을 지속해서 모니터링하고, 그 결과를 바탕으로 개인 맞춤형 교육 방법을 제공할 수 있기 때문이다.

따라서 AI 교육을 제공하는 사람들은 AI 기술과 교육 분야의 전문 지식과 경험, 그리고 학생 중심의 문제해결 능력을 모두 갖추고 있어야 한다.

Q. AI와 교사가 함께 협력하는 교육의 모습은 어떤 형태일까?

【ChatGPT】

첫째, AI를 활용하여 교사가 학생들에게 더 맞춤화된 학습 경험을 제공하는 방식이다. AI 기술을 활용하여 학생들의 학습 수준, 성향, 관심사 등을 파악하여 교육과정 및 학습 자료를 개인 맞춤형으로 제공하는 것이 이에 해당한다. 이 방식은 교사가 학생들을 대면하며 수업을 진행하는 것과 병행되어 사용된다.

둘째, AI가 교사의 일부 업무를 대신 수행하는 방식이다. AI가 자동화 가능한 업무를 대신 수행함으로써 교사가 더 많은 시간을 학생들과 함께하며 교육에 집중할 수 있도록 지원하는 것이다. 이 방식에서는 AI가 학생들의 학습을 평가하고 피드백을 제공하며, 교사는 이를 바탕으로 더 효율적인 수업 계획을 세울 수 있다.

이러한 AI와 교사가 함께 협력하는 교육의 장점은 개인 맞춤형 학습 경험 제공, 학생들의 학습 상황 파악 및 개선, 교사의 업무 효율화 등이다. 하지만 AI를 교사의 일부 업무를 대신 수행하는 방식으로 사용하는 경우 교사의 역할이 축소될 수 있다는 우려도 있다. 따라서, 교사와 AI가 상호 보완적으로 사용될 수 있는 적절한 방식을 모색해 나가는 것이 중요하다.

AI와 교사가 함께 협력하는 교육에서는 AI가 학생들의 학습 상황을 실시간으로 분석하고, 이를 교사에게 제공함으로써 교사가 학생들을 더욱 정확하게 이해하고 적극적으로 개입할 수 있는 장점이 있다. 또한 AI가 교사의 업무를 대신 수행하는 경우, 교사는 더 많은 시간과 에너지를 학생들과 직접 소통하며 교육에 집중할 수 있어 교육 효과를 극대화할 수 있다는 장점이 있다. 그러나 이러한 협력 방식이 잘 구현될 수 있도록 교사들이 AI 기술에 대한 이해도와 활용 능력을 키우는 교육이 중요하며, AI를 통해 얻은 데이터를 적절히 활용하여 학생들의 학습 경험을 개선하는 방식도 고민해 볼 필요가 있다.

Q. AI 교육이 교육에 대한 편의성과 접근성을 높여줄 수 있을까?

【ChatGPT】

AI 교육이 교육에 대한 편의성과 접근성을 높여줄 수 있다. AI 교육을 통해 개인 맞춤형 학습을 제공할 수 있으며, 학생들은 시간과 장소의 제약 없이 학습할 수 있다. 또한, AI를 활용하여 자동화된 채점 시스템을 구축하면 교사들은 빠르게 학생들의 진도를 파악할 수 있고, 학생들은 실시간으로 피드백을 받아 학습 내용을 더욱 효과적으로 습득할 수 있다. 또한, AI 교육을 통해 교육의 질을 향상할 수 있고, 교육의 접근성을 높여 교육격차를 해소할 기회를 제공할 수 있다.

　AI 교육이 교육에 대한 편의성과 접근성을 높여줄 수 있는 이유는 여러 가지다.

첫째로, AI 교육을 통해 개인 맞춤형 학습을 제공할 수 있다. AI 기술을 활용하여 학생들의 학습 상황과 성향을 분석하고, 그에 맞는 학습 자료를 제공함으로써 학생들이 더욱 효과적으로 학습할 수 있다.

둘째로, AI 교육을 통해 학생들은 시간과 장소의 제약 없이 학습할 수 있다. 온라인 강의나 AI 기반의 학습 플랫폼을 활용하여 학생들은 언제 어디서나 학습을 진행할 수 있다. 이는 학생들이 학습 시간을 유연하게 조절할 수 있게 해주며, 학습에 대한 접근성을 높여준다.

셋째로, AI를 활용하여 자동화된 채점 시스템을 구축할 수 있다. 교사들은 빠르게 학생들의 진도를 파악할 수 있고, 학생들은 실시간으로 피드백을 받아 학습 내용을 더욱 효과적으로 습득할 수 있다.

넷째로, AI 교육을 통해 교육의 질을 향상할 수 있다. AI를 활용하여 학생들의 학습 상황을 실시간으로 모니터링하고, 이를 바탕으로 교육 프로그램을 개선하고 보완할 수 있다. 이는 교사들이 학생들의 학습 상황을 파악하는 데 드는 시간과 비용을 줄일 수 있으며, 교육의 효율성과 효과성을 높일 수 있다.

다섯째로, AI 교육을 통해 교육의 접근성을 높여 교육격차를 해소할 기회를 제공할 수 있다. AI를 활용하여 학생들에게 맞춤형 학습 프로그램을 제공함으로써, 교육격차를 해소할 수 있다. 또한, 온라인 강의나 AI 기반의 학습 플랫폼을 활용하여 지역이나 경제적 여건 등으로 교육에 어려움을 겪는 학생들도 학습에 참여할 수 있다. 이는 교육의 평등성을 높여주며, 교육의 접근성을 높여주는 역할을 한다.

하지만, AI 교육이 모든 문제를 해결해주는 것은 아니다. 학생들은 교실에서 같이 일하는 경험과 교사와의 상호작용, 그리고 직접적인 교육적 상담 등이 필요하다. 또한, AI 기술의 발전은 여전히 제한적인 부분이 있어서, 일부 과목이나 분야에서는 아직 인간 교사의 개입이 필요하다.

따라서, AI 교육은 학생들의 학습을 보완하고, 편의성과 접근성을 높여주는 역할을 하지만, 교실과 교사의 역할은 여전히 중요하다. 학생들은 여전히 교실에서 서로 협력하고 소통하며, 교사들과 함께 배움을 공유해야 한다. AI 교육과 교실 교육은 상호 보완적인 관계이며, 이를 조화롭게 조합하여 효과적인 학습 환경을 조성할 필요가 있다.

Q. 에듀테크 기업의 교육 시장 팽창화 문제를 어떻게 바라봐야 할까?

【ChatGPT】
AI 기업과 에듀테크 기업의 교육 시장 진출은 교육의 시장화 문제를 가져올 수 있다. 이는 교육에 대한 차별화와 접근성을 높이는 한편, 대중교육에 대한 품질 저하와 교육격차 확대 등의 부작용을 초래할 수 있다.

이러한 문제를 해결하기 위해서는 정부와 교육기관 등이 적극적으로 교육 시장의 규제와 지원을 진행해야 한다. 또한 AI와 에듀테크 기술을 적극적으로 활용하여 교육의 질과 효과성을 높이는 방법을 모색해야 한다.

그러나 이를 위해서는 교육기관과 AI, 에듀테크 기업의 협력이 필요하다. 교육기관은 AI와 에듀테크 기술을 적극적으로 도입하면서 학생들의 학습 결과와 피드백을 분석하고, 이를 개선하기 위한 데이터를 수집해야 한다. 또한 AI와 에듀테크 기업은 교육기관과 함께 교육과정 및 교육 기술을 개발하고, 교육기관에서 제공하는 데이터를 바탕으로 AI와 에듀테크 기술을 개선하는 데 노력해야 한다.

이러한 협력을 통해 교육 시장을 효과적으로 규제하고, 공정하고 품질 높은 교육을 제공할 수 있는 새로운 시스템을 구축해 나갈 수 있다.

Q. AI 교육을 활용할 수 있는 기존 학교 교육의 분야에는 무엇이 있을까?

【ChatGPT】
맞춤형 학습
학생들의 개별적인 학습 수준에 따라 학습 커리큘럼이 자동으로 조정되는 AI 기반의 맞춤형 학습 시스템을 개발하여 학생들이 더 효과적으로 학습할 수 있도록 지원할 수 있다.

학생 성취도 예측

AI 기술을 활용하여 학생들의 성취도를 예측하고 문제점을 파악하여 학습 프로세스를 개선하는 시스템을 구축할 수 있다.

학습 진도 관리

학생들의 학습 진도를 자동으로 관리하고, 학습 내용을 추적하여 학습자들이 더 체계적으로 학습할 수 있도록 지원하는 시스템을 구축할 수 있다.

학생들의 인터렉션 지원

AI를 활용하여 학생들의 학습 인터렉션을 지원하는 시스템을 개발하여 학생들이 더욱 쉽고 자연스럽게 학습할 수 있도록 돕는 것이 가능하다.

교육과정 개선

AI를 활용하여 교육과정을 분석하고 개선할 수 있는 시스템을 구축하여 학생들이 더 체계적이고 효율적인 교육을 받을 수 있도록 지원하는 것이 가능하다.

학생의 진로 지원

AI를 활용하여 학생들의 관심 분야와 역량에 맞는 진로를 추천하고, 취업시장 동향을 분석하여 학생들이 더 적합한 진로를 선택할 수 있도록 지원하는 것이 가능하다.

이러한 방식으로 AI 교육을 활용하면 학생들의 학습 효과를 극대화하고, 교사들은 학생들의 학습 진도와 학습 내용을 쉽게 파악하며 교육 프로세스를 개선할 수 있다.

Q. 원격수업을 바탕으로 새로운 에듀테크가 공교육을 대체할 수 있을까?

【ChatGPT】

에듀테크가 공교육을 대체할 수 있을지는 의견이 분분하다. 일부 교육 전문가들은 원격수업이 교육의 방식을 혁신적으로 변화시킬 수 있다고 본다. 특히 디지털 기술과 인공지능의 발전으로 원격수업의 효율성이 크게 향상되고 있다. 원격수업은 학생들에게 유연성과 접근성을 제공하며, 학생들의 수준에 맞춰 맞춤형 교육을 제공할 수 있다. 또한 원격수업은 지리적 제한 없이 다양한 교육 콘텐츠를 제공할 수 있어 학생들의 다양한 학습 경험을 제공할 수 있다.

하지만 반대로 원격수업은 교육 현장에서의 교사와 학생들의 직접적인 상호작용과 교육의 경험적인 측면을 부족하게 만들 수 있다. 또한 원격수업을 통해 학생들이 교육 시스템에서 격차를 벌리는 경우가 생길 수 있다. 또한 원격수업이 전체 교육 시장을 대체할 수 있는지는 아직 논란이 분분하다. 결론적으로, 원격수업은 교육의 혁신과 효율성을 높일 가능성이 있으나, 학생들의 교육 경험과 교육의 경험적인 측면을 고려하여 적극적으로 활용될 필요가 있다.

원격수업이 공교육을 대체할 수 있는지는 교육 시장의 특성에 따라 다르다는 점이다. 예를 들어, 인구 밀도가 낮고 교사 인력이 부족한 지역에서는 원격수업을 활용하는 것이 현실적인 대안일 수 있지만, 인구 밀도가 높은 도시에서는 교사 인력과 교육 현장에서의 상호작용이 중요한 경우가 많아 원격수업이 공교육을 대체하기에는 한계가 있다는 점이다.

또한, 원격수업을 통해 맞춤형 교육을 제공할 수 있는 장점이 있지만, 이를 위해서는 학생들의 학습 수준과 성향 등을 파악하고 이에 맞춘 맞춤형 교육 콘텐츠와 시스템을 개발해야 한다는 점입니다. 이를 위해서는 교사와 교육 전문가들이 함께 협력하여 원격수업 플랫폼을 개발하고, 지속해서 업데이트 및 개선하는 것이 필요합니다.

또한, 원격수업을 통해 학생들이 격차를 벌리는 경우가 생길 수 있는데, 이를 방지하기 위해서는 접근성이 제한된 학생들에 대한 지원을 제공하고, 다양한 학생들을 포함하는 교육 시스템을 구축하는 것이 중요하다.

마지막으로, 원격수업은 교육의 혁신과 효율성을 높일 가능성이 있으나, 교육의 경험적인 측면을 고려하여 교육의 혁신과 원격수업을 조화롭게 결합하는 방안을 모색해야 한다. 이를 위해서는 교사들과 학생들이 함께 협력하여 학습 목표를 설정하고, 학생들이 자신의 학습 경험을 더욱 풍부하게 만들 수 있는 다양한 활동들을 개발하고, 이를 원격수업에서도 적극적으로 활용하는 것이 필요하다.

Q. AI 기술을 통해 학생의 학습 집중력을 향상할 방법이 무엇이 있을까?

【ChatGPT】

뇌파 분석을 통한 학습 집중도 측정

뇌파 분석 기술을 사용하여 학생의 학습 집중도를 측정하고, 측정 결과를 바탕으로 학습 과정을 조절한다.

VR 기술을 활용한 학습 환경 제공

VR 기술을 활용하여 학생이 현실에서 경험하기 어려운 상황을 가상으로 체험하도록 한다. 이를 통해 학생들은 더욱 집중하여 학습할 수 있다.

게임화된 학습

게임과 학습을 결합한 게임화된 학습은 학생들이 더욱 즐겁게 학습하며, 집중도를 높이는 데 도움이 된다.

개인 맞춤형 학습

학생들의 학습 수준과 성향에 맞춰 학습 콘텐츠를 제공함으로써, 학생들은 더욱 효과적으로 학습할 수 있다.

학습 관리 시스템

학생들의 학습 진행 상황을 실시간으로 확인하고, 필요한 경우 학습 과정을 조절한다. 이를 통해 학생들은 더욱 효과적으로 학습할 수 있다.

이러한 방법들은 학생들의 학습 집중력을 향상하는 데 효과적이다. 하지만, 이러한 방법들이 100% 효과적이라는 보장은 없으며, 교사나 학부모의 지속적인 관심과 노력이 필요하다.

Q. AI를 통한 학교 교육의 대체가 가능할까? 그렇다면 그 장, 단점은 무엇일까?

【ChatGPT】
아직 분명하게 결정되지 않은 문제이다. 일부 교육자들은 AI가 학생들에게 더 개인화된 학습 경험을 제공할 수 있다는 장점을 강조하며, 학교에서의 지루한 강의와 과제 등을 대체할 수 있다는 주장을 내놓고 있다.

하지만 AI로만 학습을 진행할 때는 학생들이 지식을 효과적으로 이해하고 적용할 수 있는 기술적 능력, 인간적인 창의성, 자기조절력 등을 발달시키기 어려울 수 있다. 또한, AI 시스템에 의존할 때는 기술적 결함이나 문제가 발생했을 때 대처하기 어려울 수 있으며, AI 시스템을 구현하기 위한 기술적, 인프라적 요구사항 등에 대한 비용 문제도 고려해야 한다.

결국, AI를 통한 학교 교육의 대체 여부는 다양한 요인들을 고려하여 결정되어야 할 문제이다. 이에 따라 AI를 보조적으로 활용하여 학생들의 학습 경험을 개선하고, 학교 교육의 효과를 극대화할 방법들을 모색하는 것이 바람직하다.

AI를 통한 학교 교육의 대체 여부를 결정하는데 중요한 요소 중 하나는 교육의 목적과 목표이다. 예를 들어, AI를 사용하여 학생들이 수학 문제를 풀거나 언어학습을 진행하는 것은 상대적으로 쉬울 수 있지만, 학생들이 인간적인 가치, 사회적인 책임감, 논리적인 사고, 비판적인 사고 등을 배우는 것에는 한계가 있다는 점이다.

또한, AI를 사용하여 개인화된 학습 경험을 제공할 수 있는 장점이 있지만, 이를 위해서는 AI 시스템이 학생들의 학습 패턴, 수준, 성향 등을 정확히 파악해야 하며, 그것이 어려운 경우에는 개인화된 학습 경험 제공에 한계가 있을 수 있다는 것이다.

그리고 AI를 사용하여 학교 교육을 대체하는 것은 단순한 기술적 문제가 아니라, 교육 체계의 변화와 인프라 구축, 교사의 교육과 역량 강화 등 많은 문제를 동시에 해결해야 하는 것이다. 따라서 AI를 활용한 학교 교육의 대체 가능성을 결정하는 데는 교육정책, 교사·학생의 역량, 사회적인 환경 등 다양한 요인들을 고려해야 한다.

결론적으로, AI를 통한 학교 교육의 대체 가능성을 결정하는 것은 쉬운 문제가 아니다. AI를 보조적으로 활용하여 학생들의 학습 경험을 개선하고, 학교 교육의 효과를 극대화할 방법들을 모색하는 것이 중요하다. 이를 위해서는 교사와 학생들의 역량을 강화하고, AI를 포함한 다양한 교육 기술과 방법을 활용하여 혁신적인 교육환경을 구축하는 것이 필요하다.

Q. 초중등교육에서 AI 기반의 학습 플랫폼을 어떻게 구축하고 사용할 수 있을까?

【ChatGPT】

AI 기반의 학습 플랫폼은 초중등교육에서 학생들의 학습 효율성과 개별화된 맞춤형 교육을 제공하는 데 큰 도움을 줄 수 있다. 이를 구축하고 사용하는 방법은 다음과 같다.

데이터 수집

AI 학습 플랫폼을 구축하기 위해서는 대량의 학습데이터가 필요하다. 이를 위해 학생들의 학습데이터, 학습 기록, 학습성과 등을 수집해야 한다.

데이터 분석

수집된 데이터를 분석하여 학생들의 학습 패턴, 학습 성취도, 성격, 관심사 등을 파악한다. 이를 토대로 맞춤형 학습 콘텐츠를 제공하고 개별화된 교육 계획을 수립할 수 있다.

AI 모델 구축

데이터 수집과 분석을 통해 AI 모델을 구축한다. 이를 위해 다양한 AI 알고리즘을 사용할 수 있으며, 학생들의 학습 패턴, 학습 성취도 등을 분석하여 맞춤형 학습 계획을 제공한다.

학습 플랫폼 구축

AI 모델을 이용하여 학생들에게 맞춤형 학습 콘텐츠를 제공하는 학습 플랫폼을 구축한다. 이를 통해 학생들은 자신에게 맞는 학습 콘텐츠를 선택하여 학습할 수 있다.

시스템 개선

AI 학습 플랫폼을 운영하면서 학생들의 학습데이터를 지속해서 수집하고 분석하여 시스템을 개선하는 것이 중요하다. 이를 통해 학생들의 학습 효율성을 높일 수 있다.

Q. 디지털 역량이 부족한 교사들이 AI를 활용한 디지털 교육을 진행해볼 수 있을까?

【ChatGPT】

AI를 활용한 디지털 교육은 교사의 디지털 역량을 보완하고, 학생들에게 다양한 학습 경험을 제공하는 데 효과적일 수 있다. 예를 들어, AI를 활용한 학습 플랫폼을 구축하여 학생들이 개별적으로 학습할 수 있는 환경을 제공하거나, AI를 활용한 적응형 학습 시스템을 도입하여 학생들의 학습 수준에 따라 학습 경로를 자동으로 조정할 수 있다.

교사들은 AI를 활용한 디지털 교육을 배우고 활용할 수 있도록 교육과정에서 교육받는 것이 필요하다. 또한, 교사들은 AI를 적극적으로 활용하여 학생들의 학습 경험을 개선하고, 더 효과적인 학습을 지원할 방법들을 모색하는 것이 중요하다. 이를 위해서는 교사들에게 디지털 교육 기술에 대한 교육과 교육 방법론에 대한 지식을 제공하고, 지속적인 역량 강화와 교육에 대해 열린 태도를 갖도록 지원해야 한다.

하지만, 교사의 역할은 AI로 완전히 대체될 수 없다. 교사는 학생들의 학습 상황을 전반적으로 파악하고, 개인 맞춤형 학습 계획을 세우며, 학생들의 학습 동기부여와 긍정적인 학습 환경을 조성하는 역할을 한다. 따라서 AI를 활용한 디지털 교육은 교사의 역량을 보완하고 보다 효율적인 학습 경험을 제공할 수 있지만, 교사의 존재와 역할을 대체할 수는 없다는 점을 염두에 두어야 한다.

Q. 수능의 문제점, AI·에듀테크의 발전이 수능시험에 어떤 영향을 끼칠 수 있을까?

【ChatGPT】
한국 수능시험에 영향을 줄 수 있는 몇 가지 가능성이 있다.

첫째, AI 교육과 에듀테크의 발전으로 인해 고등학교에서 수능시험을 준비하는 방식이 바뀔 수 있다. 기존에는 수능시험을 위해 많은 학생이 학원에 다니거나, 교과서나 수능교재를 이용하여 공부하는 것이 일반적이었다. 그러나 AI 기술과 에듀테크를 활용하면 학생들은 온라인으로 자신에게 맞는 맞춤형 학습을 진행할 수 있다. 또한 AI가 수능시험에서 흔히 나오는 문제 유형을 분석하고, 학생들이 틀린 문제를 분석하여 개인별 맞춤형 문제 풀이 방법을 제공할 수 있다.

둘째, AI 기술과 에듀테크를 활용하여 수능시험의 감독과 부정

행위 방지에 도움을 줄 수 있다. 예를 들어, 수험생들의 얼굴 인식 기술을 이용해 부정행위를 예방하거나, 수험생들이 시험을 보는 동안 사용하는 디바이스에 접근하여 부정행위를 방지하는 기술을 적용할 수 있다.

셋째, AI 기술과 에듀테크를 활용하여 수능시험의 채점 시스템을 개선할 수 있다. 현재 수능시험은 대부분 수기 채점이지만, AI 기술을 이용하면 자동으로 채점할 수 있으므로 채점 시간을 단축하고, 채점 과정에서 발생할 수 있는 오류와 실수를 줄일 수 있다.

하지만, 이러한 기술적 발전과 함께 교육과정과 교육 체제에 대한 변화도 필요하다. AI 기술과 에듀테크를 이용하여 수능시험에 적용하기 위해서는 교육 체제와 교육과정에 대한 재고와 개선이 필요하며, 이러한 변화는 시간과 노력이 필요한 과정이다.

5. 외국 교육

Q. 미국, 이스라엘, 한국 간 코딩교육을 비교한다면?

【ChatGPT】

미국, 이스라엘은 모두 코딩교육을 중요하게 여기는 국가들이다. 각 국가의 코딩교육 특징을 살펴보면 다음과 같다.

미국의 코딩교육

미국에서는 2010년대 초반부터 코딩교육이 대두되면서, 이제는 대부분의 학교에서 코딩교육을 제공하고 있다. 미국에서는 학생들이 코딩을 배우는 것뿐만 아니라, 코딩교육을 통해 학생들이 문제해결, 창의적 사고, 협업 등의 능력을 키울 수 있도록 노력하고 있다. 또한, 미국 대부분 대학에서는 컴퓨터 공학 전공자를 대상으로 코딩교육을 진행하고 있다.

이스라엘의 코딩교육

이스라엘에서는 초등학교부터 코딩교육을 시행하고 있다. 이스라엘에서는 코딩교육을 통해 학생들이 창의성을 계발하고, 문제해결 능력을 키우며, 디지털 기술을 활용한 프로젝트를 수행하는 등의 활동을 통해 학생들의 코딩 역량을 향상하고 있다.

한국의 코딩교육

한국에서는 2018년부터 초등학교에서 코딩교육을 의무화하였다. 이를 위해 교육부에서는 코딩교육을 위한 교재 및 교육지침서 등을 제공하고 있다. 한국에서는 코딩교육을 통해 학생들이 문제해결 능력, 창의력, 협업 능력 등을 키울 수 있도록 노력하고 있다.

세 국가 모두 코딩교육을 통해 학생들의 미래 진로 및 경쟁력을 높이기 위해 노력하고 있다. 다만, 교육 방법이나 교육 체계, 교육과정 등은 각각의 국가의 상황에 따라 차이가 있다.

Q. 아시아 국가들의 AI 활용은 어느 정도 수준인가?

【ChatGPT】

아시아 국가들에서는 AI를 교육 분야에서 적극적으로 활용하고 있다. 특히 중국, 일본, 한국은 AI 교육에 많은 투자와 노력을 기울이고 있다.

중국

인공지능을 활용한 교육 콘텐츠, AI 기반 학습 플랫폼 등을 개발하고 있으며, 국가 차원에서 인공지능 교육 콘텐츠 개발에 힘쓰고 있다. 또한 인공지능 교육 관련 분야에서 세계적인 대회인 '전국 중고교 학생 인공지능 경진대회'를 개최하고 있다.

일본

인공지능을 활용한 교육이 활발히 진행되고 있다. 예를 들어, 일본의 역사적인 대학인 '교토대학교'에서는 AI를 활용한 학생 맞춤형 교육 콘텐츠 개발에 힘쓰고 있으며, 교육부가 인공지능 교육의 발전을 촉진하기 위해 일본 AI 학회와 함께 '인공지능 교육 가이드라인'을 개발하였다.

한국

인공지능 교육에 관한 관심과 투자가 높아지고 있다. 대표적으로는 인공지능 교육 콘텐츠 개발을 위한 'AI 스쿨' 프로젝트와 인공지능 교육 전문가 양성을 위한 'AI 빅데이터 전문가 양성 과정' 등이 있다. 또한 인공지능 기술을 활용한 교육용 로봇, AI 교육용 소프트웨어 등도 개발되어 활발히 사용되고 있다.

싱가포르

2019년 인공지능 교육에 관한 국가전략을 발표하며 인공지능 교육에 관한 관심을 높이고 있다. 또한 교육부와 다른 기관들이 협력하여 인공지능 교육 콘텐츠 개발과 교육용 로봇 및 인공지능 교육용 소프트웨어 등을 개발하고 있다.

대만

인공지능 교육에 관한 관심이 높아지면서, 인공지능 교육 콘텐츠 개발 및 교육용 로봇 개발 등의 노력을 기울이고 있다. 또한 대만 교육부는 인공지능 교육을 위한 교육과정 개발과 교육환경 개선에도 노력하고 있다.

홍콩

2019년 'AI 교육 전략'을 발표하며 인공지능 교육에 관한 관심을 높이고 있다. 교육부와 기업들은 인공지능 교육 콘텐츠 개발과 교육용 로봇 개발 등을 추진하고 있다.

필리핀

인공지능 교육에 관한 관심이 높아지면서, 교육부와 다른 기관들이 협력하여 인공지능 교육 콘텐츠 개발과 교육용 로봇 및 인공지능 교육용 소프트웨어 등을 개발하고 있다. 또한, 학생들의 인공지능 교육에 관한 관심을 높이기 위해 인공지능 경진대회를 개최하기도 한다.

Q. 핀란드 교육과 한국 교육의 결정적 차이는 무엇인가?

【ChatGPT】

첫째, 핀란드교육은 학생 중심의 개별화된 교육방식을 채택하는 반면, 한국 교육은 교사 중심의 집단화된 교육방식을 채택하고 있다. 핀란드교육은 학생의 개별적인 특성과 관심사에 맞추어 교육을 제공하며, 학생들이 직접 학습하는 과정에서 자신의 역량과 적성을 발견하고 발전하는 것을 중요시한다. 반면 한국 교육은 교과과정을 기반으로 교사가 지시하는 대로 학생들이 따라가는 것을 강조한다.

둘째, 핀란드교육은 교육과정에서 평등과 차별 금지를 중요시하는 반면, 한국 교육은 경쟁과 성과를 강조한다. 핀란드교육은 모든 학생이 동등하게 교육을 받을 수 있는 환경을 조성하며, 차별과 부당한 경쟁을 방지하고 학생들의 삶의 질을 향상하는 것을 목표로 삼는다. 반면, 한국 교육은 경쟁과 성과를 중시하여 성적 또는 진로에 따라 차별적인 대우가 이루어지기도 한다.

이러한 차이로 인해 핀란드교육은 학생들의 창의성과 자율성을 높이는 효과가 있다는 평가를 받고 있다. 반면, 한국 교육은 시험 성적과 진로를 중심으로 한 학습 경향으로 인해 학생들의 과도한 스트레스와 부담감이 발생할 수 있다.

Q. 공교육에서 AI를 적극적으로 사용하는 해외 사례를 소개해줘?

【ChatGPT】

해외에서는 AI를 활용하는 방법을 학생들에게 교육하는 경우가 많이 있다. 예를 들어, 미국의 일부 초중고교에서는 코딩교육과 함께 인공지능 기술을 활용한 수업도 진행되고 있다. 또한, 일부 유럽 국가에서는 AI를 활용하여 학생들의 학습 데이터를 수집하고 분석하여 개별 맞춤형 학습 경로를 제공하는 AI 기반 학습 플랫폼을 운영하는 등 AI를 교육에 활용하는 시도가 이루어지고 있다.

AI를 활용하여 학생들이 문제를 해결하거나 프로젝트를 수행하는 과정에서 자동으로 피드백을 제공하거나 학생들이 다양한 경험을 할 수 있는 시뮬레이션을 제공하는 예도 있다.

핀란드에서는 AI를 활용한 맞춤형 교육 서비스를 제공하는

Viope Solutions와 같은 스타트업이 있다. 이들은 학생들의 능력과 학습 속도를 파악해 맞춤형 교육 콘텐츠를 제공한다. 또한, 스웨덴에서는 AI 기반의 학생 평가 도구인 DigiExam이 활용되고 있으며, 이를 통해 학생들의 실시간 응시 데이터를 수집해 강의 방식과 평가 방식을 개선하는 데 활용되고 있다.

미국에서는 AI를 활용한 개별 맞춤형 학습 플랫폼인 DreamBox Learning이 존재한다. 이 플랫폼은 학생들의 학습 경로를 AI 알고리즘을 통해 분석하고, 그에 맞춰 맞춤형 학습 콘텐츠를 제공한다.

중국에서는 AI를 활용한 스마트 교실 시스템이 활용되고 있다. 이 시스템은 얼굴 인식 기술을 활용해 학생들의 출석을 자동으로 처리하고, 학생들의 학습 데이터를 수집해 맞춤형 학습 콘텐츠를 제공한다.

Q. 해외 교육 현장에서 ChatGPT를 어떻게 사용 중인가?

【ChatGPT】

해외 대학교에서는 AI를 교육 및 연구 분야에서 다양하게 활용하고 있다. 예를 들어, AI를 활용하여 학생들의 학습 경로를 추적하고 그에 따른 맞춤형 교육 프로그램을 제공하거나, 학생들의 학습 데이터를 분석하여 학생들의 학습 습관과 성취도를 평가하고 개선 방안을 제시하는 등의 활용이 이루어지고 있다.

또한 연구 분야에서는 AI를 활용하여 학문적인 발전을 이루고 있다. 의학 분야에서는 AI를 이용하여 질병 진단에 활용하고, 공학 분야에서는 AI를 이용하여 새로운 기술 개발을 추진하는 등의 연구가 이루어지고 있다.

또한 연구 분야에서는 AI를 활용하여 학문적인 발전을 이루고 있다. 의학 분야에서는 AI를 이용하여 질병 진단에 활용하고, 공학 분야에서는 AI를 이용하여 새로운 기술 개발을 추진하는 등의 연구가 이루어지고 있다.

해외 교육 현장에서는 AI를 활용한 교육 분야뿐만 아니라, 학생들의 건강 및 안전을 유지하기 위한 AI 기반의 안전 시스템 개발 및 적용, 학생들의 잠재적인 위험 상황을 인지하고 조치하는 AI 기반의 학교 안전 관리 시스템 등도 개발되어 활용되고 있다. 또한, AI를 활용한 새로운 교육방식 개발과 그에 따른 평가 방법론 등도 연구되고 있다. 이러한 방식들을 통해 해외 교육 현장에서 AI가 활용되고 있으며, 교육 분야에서 AI 기술의 발전은 교육 혁신을 끌어내는 주요한 요소 중 하나로 주목받고 있다.

Q. 교육격차 해소를 위해 해외 국가들은 어떤 노력을 하고 있나?

【ChatGPT】
학부모들의 재정부담 완화

일부 나라에서는 가난한 가정의 학생들이 교육받을 수 있도록 학용품, 교복, 교육비 등을 지원하고 있다.

교육 장벽 해소

교육 장애가 있는 학생들이 교육에 참여할 수 있도록, 접근성을 높이고 다양한 교육 방법을 제공하는 노력을 하고 있다.

교육 프로그램 다양화

학생들의 다양한 관심과 능력을 고려하여 다양한 교육 프로그램을 제공하고 있다. 예를 들어, 예술, 스포츠, 과학 등 다양한 분야의 교육 프로그램을 제공하고 있다.

교사 역량 강화

학생들에게 더 나은 교육을 제공하기 위해 교사의 전문성을 강화하는 노력을 하고 있다. 교사들에게 교육 기술, 디지털 교육 도구 등을 제공하고 교육 방법을 혁신하는 노력을 하고 있다.

교육 기회 확대

학생들에게 교육 기회를 늘리기 위해, 학생들의 관심사와 능력에 맞는 교육 기회를 제공하고 있다. 예를 들어, 다양한 대학 진학 지원 프로그램, 해외 연수 프로그램, 취업 지원 프로그램 등을 제공하고 있다.

이러한 노력을 통해 교육격차를 줄이고 모든 학생이 공평한 교육 기회를 얻도록 하는데 많은 국가가 노력하고 있다.

Q. 해외에서 사립학교와 공립학교 간 교육격차는 어떤 상황인가?

【ChatGPT】

해외에서 사립학교와 공립학교 간 교육격차는 국가마다 다르지만, 일반적으로 공립학교가 사립학교보다 교육적 평등성과 다양성을 보장하는 데 더 큰 노력을 기울이고 있다. 예를 들어, 핀란드와 네덜란드는 모든 학생에게 고르게 좋은 교육을 제공하기 위해 공립학교에 더 많은 자금을 지원하고 있다.

미국에서는 빈곤층 학생들을 지원하기 위한 Title I 프로그램을 운영하고 있다. 하지만 일부 지역에서는 사립학교가 고등교육에서 더 높은 평판을 지지고 있어서 교육격차가 커질 수 있다. 이러한 문제를 해결하기 위해서는 사립학교와 공립학교 간 지원금 차이를 축소하거나, 사립학교와 공립학교가 협력하는 프로그램을 운영하는 등 교육격차를 해소하기 위한 다양한 방안을 모색해야 한다. 이를 위해 교육 체제에 대한 변화와 노력이 필요하다.

핀란드와 네덜란드의 경우, 국가에서 공립학교에 많은 자금을 지원하고 교육적 평등성과 다양성을 보장하기 위해 노력하고 있다. 이에 따라, 공립학교에서는 다양한 학생들이 모여 다양한 배경과 경험을 공유하면서 학습하게 된다.

Q. 이스라엘의 하브루타 방식의 교육 형태가 한국에서 가능할까?

【ChatGPT】
이스라엘의 하브루타 방식은 학생들이 서로 협력하여 학습을 진행하는 방식이다. 이를 위해 학생들은 서로 다른 역할을 맡고 서로 간의 지식을 나누며 학습한다. 이 방식은 학생들이 자신의 역할을 책임지고 자신의 지식을 다른 학생들과 공유하며 문제해결 능력과 협업 능력을 함께 발전시키는 데에 효과적이다.

한국에서도 하브루타 방식의 교육을 도입할 수 있다. 하지만 이 방식이 적용되기 위해서는 학생들뿐만 아니라 교사들도 새로운 교육방식에 적응하고 적극적으로 참여해야 한다. 또한 학교와 교육 관련 담당자들의 협업이 필요하다. 이를 위해 교육 현장에서 적극적인 지원과 교육 프로그램을 제공하는 것이 필요하다.

또한, 하브루타 방식은 학생들의 자발성과 참여도를 높일 수 있는 장점이 있다. 그러나 이 방식을 적용하기 위해서는 학생들 간의 역할 분담과 협력, 소통 능력을 강화할 필요가 있다. 또한, 학교 내에서의 하브루타 방식을 적용하기 위해서는 학급 규모와 교육환경 등을 고려해야 한다. 적절한 교육방식을 적용하고 교육 시스템을 개선해 나갈 필요가 있다는 것이다.

Q. 영어권 국가와 비영어권 국가의 AI 활용 수준에 차이가 있을까?

【ChatGPT】

AI 활용 수준에 차이가 있을 수 있다. 일반적으로 영어권 국가들은 기술 발전과 인공지능 분야에서 선두에 있으며, AI를 교육 분야에 적용하는 노력도 더 많이 기울이고 있다. 특히 미국에서는 AI 교육 및 코딩교육이 전국적인 교육 정책으로 채택되어 있다.

반면 비영어권 국가들은 교육 분야에서의 AI 활용이 미국과 같이 높은 수준은 아니지만, AI 기술을 교육 분야에 적용하기 위한 다양한 노력을 기울이고 있다. 예를 들어, 중국에서는 최근 AI를 활용한 스마트 교육 서비스가 등장하고, 일본에서는 AI를 활용한 학습 지원 로봇을 개발하고 있다. 또한, 한국에서도 AI 교육을 강화하고 AI 교육에 관한 연구와 개발이 이루어지고 있다.

영어권 국가들은 AI 개발 및 응용 분야에서 다양한 기업과 연구기관이 협력하여 연구 개발을 진행하고 있으며, 이를 통해 더욱 높은 수준의 기술력과 응용 능력을 보유하고 있다는 점이 있다. 그러나 비영어권 국가들도 AI 분야에서의 성장세가 매우 빠르게 이루어지고 있으며, 교육 분야에서 AI를 활용한 혁신적인 시도들이 많이 이루어지고 있다. 이러한 노력이 더욱 지속되면서 비영어권 국가들도 영어권 국가들과 같이 높은 수준의 AI 활용 능력을 보유할 가능성이 있다.

Q. 해외 공교육 시스템에서 가장 AI 친화적 교육은 대표적으로 무엇이 있나?

【ChatGPT】

핀란드는 디지털 교육 분야에서 선두를 달리고 있으며, 학생들에게 항상 최신 기술을 제공하고 있다. 초등학교 1학년부터 학생들이 컴퓨터를 사용하는 교육을 시작하고, 중학교와 고등학교에서는 코딩교육과 디지털 기술 활용 등을 포함한 디지털 교육을 제공하고 있다. 이를 위해 교사들도 지속적인 디지털 교육을 받을 수 있도록 교육과정이 마련되어 있다.

에스토니아의 경우, 국가적인 디지털화 정책을 통해 교육 분야에서의 디지털 혁신을 선도하고 있다. 학생들에게는 온라인 교육 콘텐츠와 프로그래밍 교육이 제공되고 있으며, 학교에서는 학생들의 개인 학습에 맞춰 개인 맞춤형 교육을 제공하는 학습 관리 시스템을 도입하고 있다.

중국의 경우, 인공지능과 교육을 결합한 스마트 교육 시스템을 활용하고 있다. 이를 통해 학생들의 학습 데이터를 수집하고 분석하여 개인 맞춤형 교육을 제공하며, 학생들의 학습 상황을 실시간으로 체크하여 개인 맞춤형 피드백을 제공하고 있다.

캐나다와 미국의 경우, 학생들에게 코딩교육을 제공하고 있다. 캐나다에서는 코딩교육이 초등학교 1학년부터 시작하며, 미국에서는 코딩교육이 전국적인 교육 정책으로 채택되어 있으며, 학생들에게 코딩교육을 제공하는 교육용 소프트웨어나 교육용 로봇

등도 개발되어 있다.

하지만 교육 시스템의 AI 친화성을 평가할 때는 여러 가지 요소를 고려해야 한다는 점이 중요하다. 예를 들어, 학생들이 사용할 수 있는 디지털 인프라나 IT 기술의 보유 여부, 인공지능 교육자원의 활용 정도, 교사들의 IT 기술과 디지털 교육 역량, 학생 또한, 교육 시스템의 디지털 인프라나 IT 교육 정책도 중요하다.

디지털 인프라가 충분하지 않다면 디지털 교육이 어려워지며, IT 교육 정책이 미흡하다면 학생들이 IT 기술에 관한 관심을 가지지 못할 수 있다. 더불어, 교육과정에서 AI 기술을 활용한 교육자원이 충분하게 제공되는지도 중요하다.

AI 친화적인 교육 시스템에서는 교육자원들이 최신 기술을 반영하고, 학생들이 적극적으로 활용할 수 있는 방식으로 제공되어야 한다.

마지막으로, 교육 시스템의 교사와 학생들의 인식과 태도도 중요하다. 교사들이 AI 기술을 적극적으로 활용하며 학생들이 이에 관한 관심과 호기심을 갖게 하려면, 교육 현장에서 AI 교육에 대한 적극적인 홍보와 교육이 이루어져야 한다. 학생들은 적극적으로 참여하고, 교사들은 적극적인 지원과 지도를 통해 AI 친화적인 교육 시스템을 구축할 수 있다.

하지만 어떤 교육 시스템이 AI 친화적이고 디지털 친화적인지를 판단하기 위해서는 여러 가지 요소를 고려해야 한다. 예를 들어, 교육 시스템의 디지털 인프라, 컴퓨터와 IT 기술 활용 정도, 인공지능 교육자원의 보유 여부, 교육과정에서 AI 기술 활용 정도 등이 그 예시다.

Q. 해외 국가에서는 학생의 디지털 역량을 평가하는 척도로 무엇을 사용 중인가?

【ChatGPT】
해외 국가에서는 학생의 디지털 역량을 평가하는 척도로 다양한 도구와 시험을 사용하고 있다. 예를 들어, 미국에서는 Computer Science Advanced Placement (AP) 시험이나 International Society for Technology in Education (ISTE)의 국제 디지털 역량 표준 등을 사용한다.

유럽에서는 DigComp 프레임워크와 같은 디지털 역량을 측정하는 도구를 개발하여 사용하고 있다. 이러한 도구와 시험은 학생들의 디지털 역량을 측정하고 개선하기 위해 교육자들이 활용할 수 있다.

일부 국가에서는 학생들의 디지털 역량을 측정하는 방식으로 학생들의 프로젝트나 작업물을 평가하는 것도 일반적이다. 이를 통해 학생들의 디지털 역량뿐만 아니라 협업, 창의성, 문제해결 능력 등 다양한 역량을 함께 측정할 수 있다. 또한 최근에는 인공지능을 활용한 학생 역량 평가 도구들도 등장하고 있어 더 정확하고 개인 맞춤형으로 학생의 역량을 평가할 수 있게 되었다는 점도 언급할 수 있다.

제2부

●

교육개혁 성공에 나라 운명이 걸렸다

1. 미래교육

미래교육 플랫폼

디지털 대전환(DX) 시대를 맞아 세계 주요 선진국은 디지털 플랫폼 정부로 전환을 서두르고 있다. "대한민국도 디지털 플랫폼 AI 정부로 전환해야 글로벌 5대 강국(G5)으로 도약할 수 있다"라고 주장하는 박정일 경기도교육연구원장을 '경기 미래교육 디지털 플랫폼과 AI의 만남'에 대한 주제로 인터뷰했다.

박 원장은 '경기 미래교육 AI 디지털 플랫폼'과 '디지털 AI 정부'와의 연결을 통해 '새로운 경기 미래교육'을 열겠다는 구상을 털어놓았다. 다음은 일문일답.

Q. 정부의 정보 시스템 운영 상황은?

A. 현재 행정부의 대국민 서비스는 홈택스(국세청), 복지로(복지부), 지자체 등 부처별 시스템이 구축되어 있다. 사법부는 인터넷 등기소, 전자소송, 가족관계등록시스템 등 별도로 운영되는 실정이다. 따로 노는 수많은 정보 시스템을 운영하는 칸막이에 막힌 정부다. 공공데이터 개방은 약 32%에 그치며, 그중 주요 데이터

는 약 10% 미만으로 창고에 갇힌 공공데이터다. 전산화 정부를 표방해 종이 문서를 전자문서로 전환하였으나 업무시스템은 최신 디지털 기술을 활용하면서도 일하는 방식은 아날로그 방식 그 대로다. 여전히 정부 혼자 독자 시스템으로 운영되고 있다.

Q. 왜 지금 디지털 플랫폼 정부인가?

A. 국민은 한 곳에서 내가 원하는 것을 알아서 척척 추천해주고 한 번의 클릭으로 서비스받고 싶어 한다. 정부는 자격이 있어도 몰라서 복지혜택을 놓치는 사각지대를 커버하기를 원한다. 일례로 부동산 거래 한번 하는데 방문할 기관, 사이트, 온라인 결제 등을 해야 하는 번거로움이 여전하다. 플랫폼과 AI 활용으로 원스톱 행정서비스를 제공해야 국제 경쟁력을 향상할 수 있다.

Q. 디지털 정부가 성공하려면?

A. 전 정부는 디지털 뉴딜사업으로 정부 문서·공공 문서·민간 문서에 대한 데이터화(Datazation)을 추진하였으나 기존의 대부분 문서가 HWP로 되어 있어서 표준화하기 어려운 상황이다. 공공서식은 국제표준과 멀어지고 있다.

디지털 정부 플랫폼이 성공하려면 여기저기 분산된 문서와 매일 생산되는 다량의 문서를 한곳에 모아서 빅데이터화 할 수 있는 플랫폼과 AI 기반의 문서처리 기술, 예를 들면 문서변환·분류· 분석. 자연어 검색 등이 가능한 올인원 인프라 시스템이 절실하다.

문서처리의 비효율적 구조를 개선하고 모든 형식의 문서를 손쉽게 보관·관리·검색이 가능해야 비효율적 업무 프로세스를 개선할 수 있다. 수많은 법정 공공서식, 국민이 작성하는 각종 신고·신청 서식, 일상 업무 중 생산된 수많은 문서 및 공적 내부 문서를 빠르게 AI가 읽을 수 있는 가능한 형식으로 변환하고 간편하게 화면에서 바로 볼 수 있는 고성능 뷰잉 시스템도 필요하다.

디지털 플랫폼은 법치행정에 도움이 되어야 한다. 공공 문서는 직간접적으로 내용에 근거 법령이 담겨 있다. 따라서 문서의 내용을 AI가 파악하여 문서 작성일 기준으로 과거 및 현재 관련법을 추출하여 그 법령의 변경 사항을 실시간 추적할 수 있는 입법 자동 트레킹 기술이 요구된다.

Q. 현장 실무자들의 고충에 대해

A. 첫째, 빅데이터 기술과 AI를 활용할 수 있는 데이터화된 정보가 없다. 디지털 혁신팀을 만들어 데이터 산업을 육성하거나 AI를 업무에 도입하려 해도 단순한 문서 파일 외에는 AI가 읽을 수 있는 가능한 데이터화된 정보가 부족하다.

둘째, 데이터 전환에 시간이 너무 소요된다. 과거부터 쌓인 문서를 모두 조직적으로 데이터 하는데 문서 분량이 많을 뿐 아니라 데이터 변화 시간이 너무 많이 걸린다.

셋째, 기존 검색엔진은 자연어처리 기술이 없거나 파일 제목의 키워드를 중심으로 검색한다. 따라서 문서 파일명으로 검색이 될 뿐이어서 각각의 문서를 하나씩 열어서 내용을 확인하는 데 시간이 오래 걸린다.

넷째, 문서 내의 표, 그림, 강조표시 등 특별하게 구성된 양질의 콘텐츠를 활용하는 것이 어렵다. 예를 들면 HWP 문서에서 표나 그림으로 된 자료를 추출하여 정리하거나 엑셀 작업을 위해선 수작업에 의존해야 한다.

다섯째, 문서의 신뢰성 부족이다. 법적인 근거가 중요한 내부 문서, 외부 문서, 민원 처리의 경우 개정된 법령으로 인해 기존 문서를 믿고 사용하기 어렵다.

Q. 데이터화에 있어 AI 기술을 적용한다면?

A, 일반적 문서 파일(HWP, DOC, PDF, PPT 등)을 XML, HTML로 고속 변환 트랜스포머가 가능하다. 원본 보존식 고속 변환이 되기 때문에 다운로드 없이 쉽게 문서를 화면에서 직접 볼 수 있으며 문서를 검색, 분류, 추천할 수 있는 AI 검색기 및 문서를 관리할 수 있는 통합기술 적용이 가능하다.

법령, 자치법규 등의 여러 법령정보와 함께 제·개정 입법 정보를 자동으로 추적 및 데이터 상호작용 관리를 할 수 있다. 기존 문서에 있는 표나 데이터가 원본 문서 그대로 변환되어 문서의 신뢰성이 있으며, 데이터 내용을 추출하여 엑셀 등으로 자유롭게 수식 계산 등에 활용할 수 있다.

Q. 경기 미래교육 디지털 플랫폼 구축에 대해.

A. 우리 공교육 시스템도 위에서 언급한 문제를 그대로 안고 있

다. 현재 현장 교육은 교사의 교육활동 도구의 한계, 디지털 공간 내 상호작용의 한계, 디지털 학습 콘텐츠의 한계, 1:다(多) 교육의 한계, 학생 자유 의지의 한계, 가치와 경제성의 한계에 부딪히고 있다.

경기 미래교육은 '집중과 공유'의 원리를 바탕으로 한다. 넘쳐나는 교육 콘텐츠를 한곳에 모아 모두가 공유하게 되면 그 자체가 교육 빅데이터가 된다. 교육 빅데이터는 공교육의 질적 변화를 기대할 수 있다. 콘텐츠의 디지털화 및 플랫폼 전략은 종이 낭비를 줄이고 효율성을 극대화한다.

경기 미래교육 디지털 플랫폼은 첨단 기술을 활용하여 정보 비대칭의 벽을 없애고 학생과 교육자 모두에게 실질적인 도움을 주는 쪽으로 진화할 것이다.

결론적으로 70년이 넘은 낡고 늙은 교육의 문제를 해결할 수 있는 해법은 데이터 공유와 메타버스 AI 융합 전략이다. 경기 미래교육 성공을 위해 '경기 미래교육 디지털 플랫폼'을 구축 운영해야 한다. 〈경기매일. 2022.10.12.〉

DQ 역량 키워야

코로나 팬데믹은 머지않아 종식되지만 AI(인공 지능) 시대의 에듀테크 팬데믹은 이제 시작이다. 가정마다 게임에 빠진 학생과 이를 지켜보는 학부모 간 갈등이 심해지고 있다. 이를 해결하기 위해선 DQ(디지털지수)가 요구된다. 산업화 시대는 IQ(지능지수), 인터넷 시대는 EQ(감성지수)가 필요했지만 디지털 트랜스포메이션 시대는 디지털 역량이 생존과 직결된다고 주장하는 박정일 경기도교육연구원장을 만났다. 다음은 일문일답.

Q. 디지털 리터러시(Digital Literacy)란?
A. 정보를 읽고, 쓰고, 말하는 의미를 넘어 디지털 기기를 사용해 정보를 검색하고 다양한 방법으로 적용하는 스킬이다. 또한 인터넷에서 제공되는 정보를 정확하게 구분하고 검색된 정보를 과제 해결에 활용하는 능력이다. 단순히 컴퓨터나 디지털 기기를 사용하는 활용 능력이 아니라 검색한 정보를 비판적 사고로 올바르게 판단·분석하고 새로운 콘텐츠를 생성해내는 역량이다. 최근에는 디지털 기기의 단순 사용을 넘어 사고와 태도의 관점을 포함한 총체적 역량의 관점에서 DQ 역량 범주에 포함된다.

Q. 디지털 역량이란?

A. DQ(Digital Intelligence Quotient. 디지털 지능지수)는 보편적 윤리를 토대로 개인의 디지털 생활을 성공적으로 영위하는 데 필요한 포괄적인 역량이다. 디지털 트랜스포메이션(DX) 시대에 가장 필요한 역량은 디지털 역량이다. 미래세대가 복잡하고 다양한 문제를 해결하기 위해선 창의력이 필수다. 암기 위주의 문제풀이가 아니라 AI와 디지털 기술을 활용하고 다른 사람과의 협업을 통해 과제를 해결하는 역량을 말한다. 정보를 검색·분석·생산하는 능력과 컴퓨터, ICT, AI, Digital Literacy 등이 포함된 총괄 개념이다.

Q. DX 시대에 요구되는 역량은?

A. 디지털 트랜스포메이션 시대의 특징은 초연결성(Hyper Connected)과 초지능화(Hyper Intelligent)다. 미래의 직업 60%는 아직 나타나지도 않았다. 정답이 없는 AI 혁명 시대에 생존하기 위해선 직무역량(Skill & Abilities), STEAM (Science·Technology·Engineering·Arts·Mathematics), 복합·융합과제 해결스킬(Complex Convergence Project Solving Skills), 통섭(Consilience) 능력과 더불어 창의·협업·소통·비판적 사고와 메타싱킹이 요구된다.

Q. 뉴 3R이란?

A. 과거의 3R은 Reading, wRiting, aRithmetic이다. DX·AI시대의 뉴 3R은 Digital liteRacy, Youtube liteRacy Smartphone LiteRacy다. 언제 어디서든 누구나 리얼타임으로 정보를 공유·소통·검색·분석해 새로운 정보 생성이 가능하기 때문이다. 뉴 3R 시대는 디지털 기기를 사용해 정보를 검색하는 스킬보다 창의적 사고로 새로운 콘텐츠를 만들어 내는 복합융합 역량이 더 중요하다. 뉴 3R 지수가 미래교육의 핵심 정책지표가 돼야 한다.

Q. 디지털 인재 양성 추진전략은?

A. 정부는 디지털 대전환 시대가 요구하는 인재가 필요하다는 대전제로 100만 디지털 인재 양성 추진 계획을 발표했다. 첨단 디지털 산업에서 일상생활까지 필요한 역량을 갖춘 인재를 적기에 양성해 국가경쟁력을 높이고 디지털 시대를 살아갈 미래 세대에게 공정한 교육을 제공하기 위해 디지털 기반 교육 체제로 대전환을 추진한다. 미래교육 방향은 DX 시대의 핵심인 AI·BigData·Cloud 등 소프트웨어 융합으로 기존 산업간 경계가 모호해지는 빅블러(Big Blur) 변화에 걸맞게 디지털 인재 양성 전략이 추진돼야 한다.

Q. 디지털 시민에게 요구되는 역량은?

A. 디지털 시민이란 정보가 넘쳐나는 디지털 환경에서 옳고 그름을 구별할 수 있는 판단력을 갖춘 시민을 말한다. 또한 매일 무수

히 생성되는 다양한 정보들을 취사선택해 가치를 생성하는 것도 디지털 시민의 역할이다. 복잡하고 다양한 정보를 정확히 판단하는 윤리적인 태도로 비판적 안목이 핵심이다. 또한 DX 시대에 시민들이 책임감을 지니고 활동적으로 참여할 수 있는 역량이기도 하다. 미래교육에서는 교사를 대상으로 디지털 리터러시 역량을 높이기 위한 교육 프로그램이 중요하다.

Q. DX 시대의 바람직한 디지털 시민성은?

A.VUCA(Volatility 변동·Uncertainty 불확실성·Complexity 복합성·Ambiguity 모호성) 시대는 예측 불가능한 변화에 유연하게 대응하는 창의적 인재가 필요하다. 디지털 시민성은 사람들의 일상에서 꼭 필요한 시민역량이다. 디지털 환경에서 스마트 디지털 기기를 사용하는 사람의 성숙한 태도와 시민의식이 강조되기 때문이다. 인터넷 사회가 갖는 윤리의식, 디지털 기술과 환경에 대한 이해가 뒷받침돼야 한다. 정부는 상황변화에 대응한 Agile 조직과 특정한 상황에 맞춘 디지털 시스템 싱킹 기반의 미래전개 (Futures Wheel) 전략 수립이 필요하다. 미래교육에서 DX 사회에 적응이 필요한 디지털 시민성(Digital Citizenship)을 높이기 위한 커리큘럼, 교수·학습·평가에 대한 전면적인 개혁이 요구된다. 〈경기매일. 2022.10.24.〉

주목받는 IB(International Baccalaureate), 성공의 길

우리나라는 지금까지 75년간 교육과정은 11번, 교육과정을 무력화 시키는 대학입시 정책은 15번을 개편했다. 교육 관련 제도, 교육과정, 교과서, 수업 방법은 정권마다 바뀌었기에 교육과정 정책은 예측 불가능하다.

아무리 좋은 선진국 정책을 들여와도 실패한 것은 우리 문화에 맞지 않아서다. 여전히 학생은 언제 바꿀지 모르는 교육 체계하에서 불안하게 공부하고 있다. 학부모는 더 이상 교육 정책을 신뢰하지 않는 실정이다.

김영삼 정부는 열린 교육, 김대중 정부는 ICT 수업, 노무현 정부는 평준화 정책을 추진했다. 이명박·박근혜 보수 정부에서는 진보 교육감의 대거 등장으로 교육 담론에 대한 경쟁 구도가 확연히 드러났다. 보수 진영은 교과교실제, 학생 중심 교육과정, 자유 학기제, 창의·인성 교육 등 주로 하드웨어 개선에 초점을 두었다. 문재인 정부의 진보 교육감은 혁신학교, 배움 공동체, 학생 인권 등 학생의 자기 주도적 학습에 방점을 찍었다.

요즈음 교육개혁 방안의 하나로 국제바칼로레아(International Baccalaureate, IB)가 주목받고 있다. 그동안에도 논의된 바 있지만 실천에는 못 미쳤다. 따라서 또 한 번의 새로운 유행 교육이 아닌지 걱정이 앞선다. 교육은 유행에 휘둘러서는 안 된다.

교육은 유행하는 일자리가 아니다. 더욱이 우리 아이들은 실험 대상은 아니기 때문이다. 유행성 교육 의식으로는 시험 맞추기 점수 벌레만 길러낼 뿐인지 미래 인재 양성과는 거리가 멀어도 한참 멀다.

IB는 국제교육 과정으로 어느 국가든 적용할 수 있게 설계된 교육 프로그램이다. IB 장점은 암기의 지식이 아닌 실제 생활에 적용할 수 있는 라이프 스킬을 높인다는 것이다. 학생들이 주체적으로 학습 과정에 참여하기에 창의적 사고력을 키울 수 있다. IB 수업은 수업 자체가 선생님으로부터 학생에게 주입의 평면적 수업이 아니라 양방향 수업을 지향한다. 학생들 스스로 충분히 개념과 원리를 이해할 수 있게 지도한 후 발표, 실습 등의 입체적인 방식으로 수업이 이루어진다.

IB는 국제적 마인드를 함양할 수 있는 6개의 주요 개념을 6개의 과목을 통해 가르친다. 결과물보다는 과정을 중시하며 행동과 전시회로 지식을 구체적으로 산출해내며 태도가 중요하다.

IB를 도입한 외국 현황은 영국 130개, 중국 165개 미국 1,842개다. 미국은 IB를 사립보다는 공립이 도입하고 있다. 이유는 IB를 하면 대부분 학생의 학력이 향상되기 때문이다. 미국은 학교별 편차가 심하고 엘리트 교육을 추구해 학교에서 뒤처지는 학생들을 위한 시스템이 없어 낙후된 지역의 아이들이 도태되는 경우가 많다.

IB는 일부 시도교육청을 중심으로 2010년대 중·후반부터 특목고라는 경계를 넘어 공교육이 안고 있는 문제의 해결 방안으로 도입 논의가 시작됐다. IB는 비판적 사고능력 강화와 자기 주도적 학습에 특화된 수업방식으로 4차 산업혁명 시대에 걸맞은 교육 프로그램이다.

　특히 논술과 토론 위주로 수업을 진행하기에 2025년 고교학점제, 2028년 논·서술형 수능과 맞물려 재조명되고 있다.

　그렇다면 IB를 성공시키기 위해서는 무엇을 어떻게 해야 할까.

　첫째, 공교육 혁신의 마중물이다. IB 도입이 학교 간, 지역 간 격차를 심화하여 불평등을 초래한다는 비판을 잠재우기 위해선 IB 프로그램 운영이 일부 학교와 소수 엘리트 학생들의 전유물이 아니라 공교육의 혁신과 변화를 촉진하는 매개체가 되어야 한다.

　둘째, 자발적 참여 유도다. 교육청은 학교 선정에 중점을 두기보다 단위 학교가 자발적으로 참여할 수 있도록 교원을 포함한 여러 교육 주체들의 동의를 얻어야 한다. 이를 위해 IB 관심·후보·인증학교가 될 때까지 행정·재정 지원을 어떻게 하겠다는 것을 명확하게 제시해야 한다.

　셋째, 공감대 확산이다. 학교를 둘러싸고 있는 다양한 주체들을 대상으로 IB 도입에 대한 설명회·포럼·토론회를 통해 IB 프로그램이 자녀 학습에 어떠한 도움을 주는지 학부모에게 알기 쉽게 접근해야 한다. 예컨대 방송 프로그램 제작을 통해 IB 프로그램의 의미와 가치를 알릴 수 있다.

　넷째, 점진적 확산이다. IB 스쿨이 되기 위해선 IB 본부로부터 학교시설, 교사 등 다양한 심사를 받는데 평균 3년이 소요된다. 도입 주체들이 다양한 IB 학습 과정을 체험하고 실천하면서 IB 장점을 스스로 깨달아야 한다. 급속한 양적 확대보다는 IB 도입 효과를 공유하며 점진적 확산을 목표로 나아가야 한다.

다섯째, 정책의 지속성이다. 새로운 정책은 반발이 있기 마련이다. IB를 단순히 교육감 공약 및 정책 사업으로 추진하면 자칫 임기 내에만 추진될 수 있다. 교육 현장에서 안심하고 신뢰를 주는 치밀하고 꼼꼼한 중장기 로드맵을 제시해야 한다.

여섯째, 교원 선발·배치·연수다. IB가 정착하려면 가르칠 수 있는 교사 확보가 가장 중요하다. 따라서 IB를 도입하는 학교를 위해 교사 배치 및 전보 규정 제·개정을 마련해야 한다. 교사 선발 과목에 중점을 둘 것인지, 학년 단위로 운영할 것인지 교사 수급 전략을 수립해야 한다. 실제 운영을 위해서는 다양한 패턴의 연수가 진행돼야 한다. 기초·이해·수업 설계·컨설팅 연수를 교원뿐만 아니라 일반직 공무원에게도 IB를 이해할 수 있도록 연수 기회를 제공해야 한다.

일곱째, 지원체계 정립이다. 교육청에서 모든 지역의 학교를 지원하기는 힘들다. 교육청은 컨트롤 타워, 지역교육청은 정책을 시행하는 것으로 역할을 분담해야 한다. 각 지역은 수석 교사를 중심으로 IB 추진 전담 조직을 운영하면 된다. 화분 물주기 식 예산 배분으로는 성공할 수 없다.

여덟 번째, 평가의 공정성 확보다. IB가 유용한 이유는 시험제도 때문이다. IB 평가시스템은 공정성과 객관성을 인정받는 것은 평가자가 누구인지를 알 수가 없어서다. 하지만 IB 한국어판의 경우 전문 인력 부족으로 인적 정보가 노출될 수 있다. 따라서 전문가 선발 및 양성 과정에서 다양한 경력을 가진 외부의 전문가를 적극적으로 활용해야 한다.

마지막으로, 성공모델 구축이다. IB가 정착되기 위해선 대학입시와 연계돼야 한다. IB 이수를 입학 성적으로 인정하는 대학은 전 세계 90개국 3,300여 대학에 달한다. 학생과 학부모가 원하는 것은 IB가 대학입시에 반영되는 것이다. IB를 이수한 학생이 특정 대학의 글로벌 인재 전형으로 입학할 수 있도록 일정 비율을 선발해야 한다. 선택과 집중해 한 곳이라도 성공모델을 만들면 얼마든지 확산할 수 있다.

지금 세계 교육의 트렌드는 창의력을 발휘할 수 있는 'take out' 교육을 하고 있다. 하지만 우리의 교육은 이론을 가르치면서도, 이를 실제 생활에 적용하고 활용하는 방법을 가르치고 있지 않기에 상상력 결핍으로 이어지고 있다. 암기 위주 'put in' 한국식 교육을 바꾸는 해법으로 IB가 주목받고 있다. 〈ifsPOST〉(국가미래연구원 2023.02.01.)

미래교육 혁명에 매진해야

70년이 넘은 낡고 늙은 교육이 미래교육 혁명을 가로막고 있다. 교육 현장에서 교사는 지도에 통제력을 갖지 못하고, 학생은 자신들의 배움을 원하는 대로 선택하지 못하고 있다. 우리 교육 현실을 '19세기 교실에서 20세기 교사가 21세기 학생을 가르친다'라는 한마디 문구로 표현한다.

저출생·고령화와 급속한 디지털 과학기술 발전이 미래 교육 패러다임을 완전히 변화시킨다.

미래교육 환경은 어떻게 변화할까.

첫째, 학교 변화다. 교육과 학교는 이제 동의어가 되지 않는 세상이다. 학교 교육은 영감을 불러일으키는 교육으로 학교의 재구조화가 가속화된다. 교육과정은 원격교육 상시화, 평생교육 확대, 학습자 맞춤형 교육으로 역할이 바뀐다. 클라우딩 컴퓨팅과 가상·증강(VR·AR) 현실을 활용한 디지털 기반 교육이 일상화된다.

둘째, 교사 변화다. 주입식 교육을 지양하고 양보다 질이 깊은 학습을 지향한다. 교사의 디지털 기술 활용 능력이 요구된다. 덜 가르치고 더 배우게 한다. 학생 모두에게 맞춤형 수업을 시행한다. 교사가 미래교육 혁명의 주체가 된다. 교사의 학습 컨설턴트 역할이 강화된다.

셋째, 학생 변화다. 자기 주도 학습 능력과 비판적 사고 및 문제 해결 능력이 향상된다. 미래 학습 기반 교육으로 창의력, 혁신적 사고, 의사소통 능력, 팀워크와 리더십 역량을 높인다. 과제를 해결할 때 학업 데이터를 기반으로 AI 튜터가 제공하는 개인별 맞춤형 학습 컨설팅을 받게 된다.

넷째. 정부 변화다. 학습자 중심으로 영감을 주는 비전과 가치를 바탕으로 탁월성을 추구하게 된다. 플랫폼을 제공하고 단위 학교의 자율성을 높이며 상향식 변혁을 추구한다. 정책은 공정함 융합 교육을 목표로 정권의 변화와 무관하게 중장기적 관점에서 일관되게 추진된다.

교육부가 지금 해야 할 일은 미래세대가 인공지능(AI) 시대에 생존하기 위한 역량을 높이는 미래교육 혁명에 전력투구할 때다. 미래교육 혁명은 미래를 예측하고 스스로 미래를 만드는 역량을 길러주는 교육이기 때문이다.

그렇다면 교육부의 나아갈 방향은 무엇인가.

첫째, 미래학교다. 건물·조직·교육과정·평가 시스템은 지역의 특성을 고려해 맞춤형 학교로 설계된다. 학교 교육에 흥미를 느끼지 못하는 학생들을 위해서 교육과정의 유연화로 탈 표준화 교육이 된다. 학생은 자유롭게 커리큘럼 선택이 가능하다. 학교·일·삶이 통합되고 지역사회 전체가 학교이며 학습장이다.

둘째, 학습강화다. 21세기 학습융합의 4대 핵심은 지식 활동·사고 활용·학습탐구·디지털 생활방식이다. 학습은 스마트 러닝을 원칙으로 한다. 실생활 기반의 과제 제시를 통해 형식교육과 비형식 교육의 통합 형태로 운영한다. 다양한 애플리케이션과 소셜 러닝 교육이 일반화된다.

셋째, 융합인재 양성이다. 디지털 지수(Digital Quotient, DQ)와 메타인지를 갖춘 인재를 기른다. 융합 인재교육(STEAM)은 창의적 설계와 감성적 체험을 통해 과학기술과 관련된 다양한 분야의 융합적 지식, 과정, 본성에 대한 흥미와 이해를 높여 창의적이고 종합적으로 문제를 해결할 수 있는 융합적 소양(literacy)을 갖춘 인재를 양성하는 교육이다.

넷째, 목표와 비전이다. 탁월성과 공정성을 추구한다. 핵심 가치는 존중·책임·윤리·도덕·배려·조화·융합이다. 자기 주도적 학습자로서 비판적이고 혁신적 사고능력을 가진 적극적인 참여자이며 책임 있는 시민이 되는 것이다. 승자와 패자를 가리는 교육 대신 모두가 승자가 되는 교육을 추구한다. 데이터 홍수에 대응해 핵심 원리와 개념 중심의 학습을 중시한다.

디지털 대전환으로 세상이 급변하는 시대다. AI 미래교육 혁명이 곧 국가경쟁력을 좌우한다. 대한민국의 지속적 발전을 위해서 미래교육 혁명만이 살길이다. 〈아주경제. 2022.08.05.〉

미래교육은 어떤 모습일까?

디지털 트랜스포메이션 혁명은 경제, 사회, 산업, 직업뿐 아니라 교육에도 큰 영향을 미친다. 특히 AI, 빅데이터, VR/AR, ICT 등 4차 산업혁명 핵심기술이 교육 현장 및 미래 교수학습에도 적용돼 에듀테크 교육이 보편화되고 있다.

AI 혁명 시대 '미래교육은 어떤 모습일까?' 대해 박정일 경기도교육연구원장을 인터뷰했다. 다음은 일문일답.

Q. 시대 변화에 따른 교육방식은?
A. 농업혁명 시대는 과거의 경험이 중요했다. 농사를 짓는데 데이터에 따른 경험이 현재 농사에 있어 많은 도움이 되어서다. 과거의 지식과 경험은 가정과 마을 공동체에 기초한 교육이 중심이었다. 산업화 혁명 시대는 기술을 습득하고 선진국의 산업 지식을 배우기 위해선 체계적인 교육을 할 수 있는 학교 교육의 역할이 중요했다. 인터넷 혁명 시대는 넘쳐나는 정보를 학교에서 다 배울수 없기에 평생교육이 강조되었고 학교 외 학원이나 평생교육센터 등이 그 역할을 담당했다.

Q. AI 시대의 교육은?

A. 4차 산업혁명 시대는 디지털 전환 기술을 바탕으로 한 초연결성, 초지능화 사회다. AI 시대는 모든 것이 상호 연결되고 보다 지능화된 사회로 전환되기에 기존 교육방식만으로는 한계가 있다. 학습자 처지에서 AI 튜터 등장은 교육격차를 해소할 기회를 제공한다. 언제 어디서나 누구든지 학습자 특성과 학습 레벨에 맞는 맞춤형 수업이 가능하기 때문이다.

Q. 에듀테크 교육이란?

A. 교육(Education)과 기술(Technology)의 합성어가 에듀테크(EduTect)다. 교과서와 공책, 칠판과 연필과 같은 교실학습 중심의 전통적 교수학습법에 AI와 ICT 기술이 활용돼 지금까지와는 완전히 다른 새로운 교육환경 및 학습 과정을 온라인으로 제공하는 것을 말한다. ICT 기술의 발전에 따라 이러닝(E-Learning)에서 유러닝(Ubiquitous Learning)으로 발전했다. 현재는 에듀테크 시대다.

Q. 미래교육 환경은?

A. 미래는 불확실하고 복잡·다양한 상황에서 문제해결력, 비판적 사고력, 자기관리 능력과 주도적 행동이 요구된다. 이에 따라 미래교육은 학습자 주도의 문제·프로젝트 중심, 디지털 기술의 활용 교육, 융합·복합·통섭 사고를 교육해야 한다. 미래 학습 공간은 자료의 검색 및 활용이 쉽고 학습자 간 토론, 창의적 실험 환경

구축이 가능하도록 물리적 지원하는 역할을 담당하게 된다.

Q. 미래사회의 요구는?

A. 미래 환경 변화에 따라 미래교육은 선택이 아닌 필수다. 인구 감소에 따른 학생 수 변화 추이에 따라 지역 여건을 고려한 학교 재배치 및 통합 운영이 필요하다. 미래사회가 요구하는 창의·융합·사고 역량을 높이기 위해 개인별 맞춤형 교육과정 설계와 프로젝트, 토론 중심 학생주도 학습이 확대돼야 한다. 평생교육 체제에 맞는 학교와 지역사회와의 관계 변화에 맞춰 지자체와 교육 공동체가 함께 어우러지는 지역사회 센터로의 학교 역할이 필요하다.

Q. 개별화 교육은?

A. 인구 감소와 저출산 현상은 급격한 학생 수 감소 현상으로 연계돼 궁극적으로 교육계에도 지대한 영향을 미친다. 학생 수 감소로 인해 서울과 지방 교육격차는 심화하고 명문대 진학 경쟁은 더욱 심화한다. 유·초·중·고는 학급 수가 줄어들고 학교 간 통폐합이 늘어난다. 학생 수 감소는 교사 정원 감소로 이어져 개별화 교육에 관한 관심이 늘어난다. 개별화 수업은 학습자 개개인의 수준에 맞춰 수업하는 것이다. 개별화 수업에 가장 적합한 교육이 AI 튜터를 활용한 학습자 맞춤형 에듀테크 개별화 교육이다.

Q. 인성 교육은?

A. 인성(人性)이란 성품이다. 성품(性品)이란 성질(性質)과 품격(品格)이다. 과도한 입시경쟁에서 '사람다움', '학생다움'의 교육은 뒷전으로 밀린지 오래다. 인성 교육의 영역은 지성, 실천, 덕성, 감성, 사회성을 포함한다. 디지털 대전환 시대에서는 DQ(디지털 역량)이 요구된다. 불확실한 미래는 정해진 답이 없는 사회다. 미래사회에 생존하기 위해서는 인성 교육을 기반으로 디지털 역량을 높여야 한다.

Q. AI 튜터가 교사를 대체하나?

A. 교육은 학습지식이 풍부한 타인과의 상호작용에 의존하는 사회적 과정이다. 학습과 수업에 들이닥친 디지털 열풍은 미래를 결정짓는 가장 혁신적인 국가적 과제다. 가까운 미래에 AI 튜터는 상용화될 것이다. 교사가 담당했던 가르침, 행정 처리, 평가 등의 일은 AI 로봇이 더 효과적으로 처리할 수 있다. 교사는 지식을 가르치는 역할을 뛰어넘어 학습자가 스스로 검색하고 실험을 통해 새로운 콘텐츠를 창출하도록 멘토 역할을 담당하게 된다. 궁극적으로 AI 튜터는 교사의 역할을 보조하는 효율적 도구로 활용될 것이지만 교사를 대체하지는 못할 것이다. 〈경기매일. 2022.10.31.〉

미래교육 혁명이 성공하려면

한국의 교육 현실을 '19세기 교실에서 20세기 교사가 21세기 학생을 가르친다'라는 한마디 문구로 표현한다. 70년이 넘은 낡고 늙은 교육이 21세기형 창의적 인재 양성을 가로막고 있다. 이런 교육으로 미래를 헤쳐 나갈 수 있을까.

국가경쟁력은 최첨단 기술에 대한 미래교육에 달려 있다. 교육 체계가 시대의 변화에 대응하지 못하면 글로벌 경쟁에서 뒤처질 수밖에 없다. 4차 산업혁명과 인공지능(AI) 시대 글로벌 강국(G5)으로 도약하기 위해 미래교육 혁명은 선택이 아닌 필수다.

지금 초등학생이 40대가 되는 2050년대엔 그들이 학교에서 배운 내용 중 90% 정도는 쓸모없게 될 것이다. 급격한 기술의 발전은 학교 교육에 혁명적인 영향을 끼친다. 지금까지 인간이 하던 많은 일을 AI 로봇이 담당하게 된다. AI 튜터를 통해 창의력 계발, 협업과 문제해결을 지원한다.

에듀테크가 맞춤 개별 학습을 구현한다. 가상·증강 현실(VR·AR) 등 학습 도구의 폭넓은 활용은 학생의 참여와 집중력을 높인다.

미래교육 혁명이 성공하려면 어떻게 해야 할까?

첫째, 미래학교다. 미래학교 스마트 러닝의 학습 원칙은 오픈 학습 환경을 통해 학습자가 주도적으로 참여한다. 온라인 멀티 플랫폼을 공유해 다양한 애플리케이션을 활용하며 학습한다. 둘째, 융합 사고다. 과학기술에 대한 학습자의 흥미와 이해를 높이고 AI, 빅데이터, 정보통신기술 기반의 융합적 사고(STEAM Literacy)를 갖춘 인재를 길러내야 한다. 창의적 설계와 감성적 체험을 충분히 높이기 위해 디자인 싱킹과 통합적 사고를 적용한 학습 체계를 구축해야 한다.

셋째, 학생 중심이다. 모든 정책은 학습자 중심이어야 한다. 정부는 플랫폼을 제공하고 단위 학교의 자율성을 높여 상향식 변혁을 추구해야 한다. 공정성과 통합교육에 대한 의지와 신념이 중요하다. 인식 변화를 통해 행동의 변화를 유도해야 한다. 모든 교육 정책은 정권의 변화와 무관하게 중장기 관점에서 일관되게 추진돼야 한다.

마지막으로 IB와 DQ, AI다. 창의력과 사고력이 인재의 필수 능력으로 주목받는 4차 산업혁명 시대에 국제바칼로레아(International Baccalaureate·IB)는 주입식 교육을 탈피하고 공교육의 수업과 학습방식을 근원적으로 바꾸는 유일한 방안이다.

IB 평가시스템을 도입해 교육과정과 수업방식에 혁명적 변화를 일으켜야 한다. 디지털지수(Digital Quotient, DQ)는 윤리적으로 디지털 기술을 이해하고 활용하는 능력이다. 기술적 스킬과 디지털 시민 윤리를 통합하는 역량이다.

산업화 시대에는 지능지수(IQ), 인터넷 혁명 시대는 감성지수

(EQ), AI 혁명 시대는 DQ가 국가경쟁력을 좌우한다. 미래교육 혁명의 핵심은 IB와 DQ의 추진에 있다. 미래 학습은 코딩 기술이 아니라 디지털 대전환 사회에서 생존하는 법을 배워야 한다. 미래는 디지털과 AI 라이프 시대이기 때문이다.

미래교육 혁명의 목적은 디지털 창의력으로 무장한 혁신기업가 양성에 있다. 미래를 살아갈 아이들의 교육격차를 해소하는 유일한 길은 AI 교육 혁명이다. 대한민국의 지속적인 발전을 위해 AI 시대의 생존 역량을 키워주는 학습자 맞춤형 미래교육 혁명만이 살길이다. 〈매일경제. 2022.08.02.〉

미래교육 혁명에 나라 운명 걸렸다

한국 교육 시장은 코로나19에도 아랑곳하지 않고 서울 강남을 중심으로 사교육 시장이 호황이다. 아이에게 투자되는 돈·시간·노력에 비해 교육 경쟁력은 꾸준히 추락하고 있다.

교육의 근본 문제는 70년이 넘은 낡은 구조가 인공지능(AI) 시대 창의적 인재 양성을 가로막고 있기 때문이다. 미래는 인간이 하던 많은 일이 AI 로봇으로 대체된다. 지금 초등학생이 30대가 되는 2040년대면 그들이 학교에서 배운 내용 가운데 90%는 쓸모없게 될 것이다. 미래에 필요하지 않은 지식과 존재하지 않는 직업을 위해 산업화 시대의 커리큘럼으로 주 20시간을 수업받고 있다.

AI 시대 국가경쟁력은 미래 교육에서 나온다. 시대 변화에 교육이 따라가지 못하면 국제 경쟁에서 뒤처질 수밖에 없다. 교육부가 지금 해야 할 일은 4차 산업혁명과 AI 시대 글로벌 5대 강국(G5)으로 도약하기 위해 미래 교육 혁명에 매진할 때다. 그렇다면 어떻게 해야 할까.

첫째 코로나19로 발생한 학습 격차를 해소해야 한다. 학습 격차의 원인은 학생의 자기 주도적 학습 능력 차이, 학부모의 학습 보조 여부, 학생의 사교육 수강 여부다. 해결 방안으로 등교 수업을 통한 오프라인 보충지도, 개별화된 학습 관리, 진단이 가능한 플랫폼 구축, 학습 동기 및 의욕 촉진을 위한 정서·심리 진단 및 상담 지원, 학생의 수준별 맞춤형 콘텐츠 제공이다.

둘째 미래학교를 만드는 것이다. 디지털 혁명은 교육 패러다임을 변화시킨다. 지금까지 교육은 고학력화, 입시·일방·암기 위주였다. 하지만 미래 교육의 핵심은 준비하는 교육, 생각하는 교육, 협력하는 교육, 인간적인 교육이다. 스마트 러닝의 오픈 학습 환경을 기반으로 온라인 멀티 플랫폼을 공유해서 다양한 애플리케이션을 활용해 학습한다. AI 튜터로 창의력 계발, 협업과 문제해결을 지원한다.

셋째 혼합수업이다. 교실학습과 온라인 학습을 융합한 것이 혼합학습(blended learning)이다. 교사는 자율학습과 이동학습, 학생주도·통제, 그룹 채팅·토론, 온라인 평가 등 과중한 업무에 시달리고 있다. 학생의 동기유발, 일대일 피드백, 개인 상담, 진도 확인, 학습 촉진, 실습 활동, 평가활동 업무를 교사 혼자 할 수 없다. 혼합학습과 거꾸로 학습이 상시화된다.

넷째 국제바칼로레아(IB; International Baccalaureate)다. 창의력과 사고력이 인재의 필수 능력으로 주목받는 4차 산업혁명 시대에 IB는 주입식 교육에서 탈피하고 공교육의 수업과 학습방식을 근원적으로 바꾸는 유일한 방안이다. IB 평가시스템을 도입해서 교육과정과 수업방식에 혁명적 변화를 일으켜야 한다.

다섯째 디지털 지수(DQ; Digital Quotient) 강화다. 산업화 시대는 지능지수(IQ), 인터넷 혁명 시대는 감성지수(EQ), AI 혁명 시대는 DQ가 국가경쟁력을 좌우한다. DQ는 윤리적으로 디지털 기술을 이해하고 활용하는 능력이며, 기술적 스킬과 디지털 시민 윤리를 통합하는 역량이다.

여섯째 에듀테크다. 산업화 시대에 만들어진 획일화된 교육 체계는 수명을 다했다. AI 시대에 맞는 개인 맞춤형 에듀테크 교육은 거스를 수 없는 흐름이다. AI 교육은 선택이 아니라 언제 시작하느냐의 시기 문제다. 개인 맞춤형 학습은 에듀테크 플랫폼에서 제공한다.

일곱째 하이테크 하이터치다. 가상현실(VR)·증강 현실(AR) 기술 발전은 수업할 때 학생의 표정과 음성을 즉각적으로 인식해서 참여 정도와 감정 상태를 파악해 학습의 질을 높일 수 있다. 정보 검색을 넘어 튜터링 시스템, 학업 중단을 넘어 학교 적응, 교사 한계를 넘어 수준별 학습, 학교 밖 학생 지원, 학교 교육을 넘어 평생교육까지 교육 효과를 높일 수 있다.

여덟째 초연결 사회로의 교류 학습 촉진이다. 4차 산업혁명은 초연결 사회다. AI 교육으로 학생과 교사 연결, 학생과 학생 연결, 학교와 학교 연결, 언어와 언어 연결, 현실과 가상 연결이 가능하다. 국내에서 지구 반대편의 학교와 원격교육으로 교류 학습 시대가 실현된다.

마지막으로 학습자 중심의 개별 맞춤형 교육이다. 지금까지의 일체 학습은 학교계획에 따라 모든 내용을 학습했다. 정해진 교육과정에 따른, 모두에게 동일한 수업방식이다. 계획된 시간과 장소에서 표준화된 평가를 받았다. 학생 수준과 적성을 알 수 없어 개인별 분석과 그에 따른 콘텐츠 전송이 어려웠다. 원하는 시간과 장소에서 개인화된 평가를 시행한다.

　미래를 살아갈 아이들의 교육격차를 해소하는 유일한 길은 AI 교육이다. 새로운 혁신의 원동력은 미래 교육 혁명에서 나온다. 미래 교육 성공에 대한민국 운명이 걸렸다. 〈전자신문 2022.08.30.〉

2. 교육개혁

교육개혁 성공하려면

교육은 미래이며 희망 사다리다. 국민 모두 교육 전문가로 교육열만큼은 세계 1등이다. 아이들에게 미래를 준비하는 교육보다 더 소중한 가치는 없다. 국민은 공부 잘하면 가난을 벗어나 사회적 신분이 상승한다고 믿고 있다.

교육 문제는 국민 모두 예민하게 반응하는 정치영역이다. 그래서 가능한 역대 정부는 교육개혁 추진에 머뭇거렸다. 다만 수사적 선언을 통해 공정성을 얻는 정도에서 항상 개혁이라고 포장했다. 교육 문제는 여야가 따로 있을 수 없다.

교육 문제의 핵심은 공정성이다. 대다수 학생과 학부모는 수능시험이 가장 공정하다고 믿는다. 불공정 시비가 작동되면 국민적 저항에 직면한다. 특히 입시 과정의 절차적 공정성에 가장 예민하게 반응한다.

부모 찬스를 사용하면 그 어떤 누구도 사회적으로 매장되는 큰 파문을 불러온다. 교육의 공정성이 훼손되는 순간 정권 퇴진의 실마리가 되는 핵심 사안이다.

지난해 11월 치러진 전국연합학력평가에 응시한 고등학교 학생들의 이름과 성적, 소속 학교 등이 담긴 파일이 유출된 이후 이를 재가공한 데이터들이 각종 온라인과 SNS를 통해 퍼지고 있어 도미노 피해가 현실화하고 있다.

우려되는 점은 첫째, 수능의 공정성 시비다. 교육을 통한 계층 상승의 사다리가 무너지면 이로 인한 국민적 갈등이 심화해 최종적으로 입시의 공정성 문제로 비화한다. 그러면 2024년 대입 수시모집에서 입시의 공정성 문제가 야기될 수 있다.

둘째, 사회적 위화감 조성이다. 유출된 자료를 재생산 가공해 학력의 지역적 편차가 확인되면 강남을 중심으로 사교육 열풍이 확산한다. 학원가에서 자료를 가공하고, 수도권 특정 대학이 고교 등급제를 적용해 특정 지역 학생이 다수 합격하였다는 의혹이 불거지면 최악이다.

셋째, 부동산 상승이다. 학원의 성지라고 불리는 일부 지역 집값 상승에 영향을 미친다. 교육환경과 집값은 항상 연동되어 왔기 때문이다. 명문대학에 다수의 합격생을 배출한 입시학원 밀집 주변 지역은 집값이 천정부지로 오를 수밖에 없다.

넷째, 조작된 여론과 특정 세력 규합이다. 해킹과 유출의 본질적 문제는 사라지고 일부 인터넷 매체와 SNS를 통해 MZ 세대에 이슈로 떠오르는 순간 부정적인 여론이 형성돼 모든 정치 현안을 삼킨다.

다섯째, 심판론 등장이다. 특정 집단과 언론은 이때다 싶어 정치적 세 확산으로 여론몰이에 나선다. 내년 총선에서 교육의 공정성 시비의 광풍이 몰아닥친다면 수도권 민심이 악화한다. 일부 세대를 중심으로 심판이라는 프레임이 작동되면 큰일이다.

여섯째, 집단소송의 위험성이다. 성적 유출을 개인정보 유출로 규정하고 집단소송을 준비하는 젊은 학생 중심으로 커뮤니티를 형성 중이다. 소송 집단과 특정 세력 간 유대감과 정서적 결합은 정치적 세력으로 변질해 전국 규모의 정치 세력화로 등장할 수 있다. 그렇다면 어떻게 해결해야 할까.

첫째, 헌법 수호다. 헌법 제11조와 제31조에는 '모든 국민은 법 앞에 평등하다. 모든 국민은 능력에 따라 균등하게 교육을 받을 권리를 가진다'라고 규정하였다.

교육기본법에도 교육적 공정성을 구체적으로 명시해 누구도 이를 훼손하지 않고 준수하도록 하고 있다. 교육의 공정성이란 기회의 균등과 조건의 균등이 동시에 담보될 때 선의의 공정한 경쟁이 가능하다.

둘째, 교육적 공정성 확립이다. 공정성은 사전적으로 공평하고 올바른 성질을 뜻한다. 자유민주주의 체제에서 교육은 부와 권력의 합법적 분배 역할을 담보한다.

교육적 공정성이야말로 국가 발전의 최고의 가치가 아닐 수 없다. 교육의 공정성 정립은 희망찬 미래사회를 여는 핵심 키워드이며 정부 철학과 일맥상통한다.

셋째, 특정 세력과 연대를 조기에 차단해야 한다. 소송 준비 집단을 공공행정의 도전 세력으로 규정하기보다는 가능한 행정적 지원과 법률적 자문을 지원해 줌으로써 피해자 중심의 정서적 유대감 형성을 통해 사후 발생할 수 있는 문제들을 조기에 예방해야 한다.

넷째, 교육개혁 전환의 계기로 삼아야 한다. 이번 사건을 교육개혁의 시발점으로 여기고, 소송 집단 세력을 스피커로 활용하면 교육개혁이라는 국민적 공감대가 형성될 수 있다. 학폭 예방 AI 챗봇 상담 솔루션이라는 새로운 이슈를 통해 이번 사태를 유리한 국면으로 전환한다.

다섯째, 성과는 교육개혁뿐이다. 정부가 표방한 3대 개혁 중 노동 개혁은 지금 먹히고 국민도 호응하지만, 노조 자체가 개혁하고 나면 그다음 카드가 없게 된다. 연금 개혁은 당사자 간 이해관계가 얽히고설켜 실타래를 풀기가 만만치 않다. 하지만 교육개혁은 단기간에 성과를 낼 수 있다.

여섯째, 종합적 대책 마련이다. 교육부가 중심이 돼 교육청과 협의해 로드맵을 마련해야 한다. 교육 현장에도 학생·학부모·교사·학교 간의 질서와 준법정신을 확고히 하는 것이 중요하기 때문이다. 학교생활기록부 기재 등 기존 정책이 아닌 창의적이고 획기적인 내용을 담아야 한다.

대한민국을 지탱하는 가장 기본적인 가치가 바로 교육의 공정성이다. 이를 훼손하면 아이들의 미래는 희망이 없게 된다. 대학입시에 있어 공정성의 헌법적 가치들이 무시되고 파괴되면 불공정 사회로 전락해 국민은 좌절과 분노를 표출한다.

역대 정부에서 실패한 교육개혁을 AI 시대에 맞는 맞춤형 교육

개혁이 성공하기를 기대한다. 대한민국 미래는 교육개혁에 달렸다. (2023.01.13. 네이버 블로그)

교육부가 미래로 가는 길

교육은 미래다. 4차 산업혁명 시대 국가경쟁력은 최첨단 기술에 대한 미래교육에 달려 있다. 시대의 변화에 교육이 따라가지 못하면 글로벌 경쟁에서 뒤처질 수밖에 없다. 인공지능(AI) 시대 글로벌 강국(G5)으로 도약하기 위해 교육부는 미래로 가는 길을 열어야 한다.

학생은 21세기에 살고 있는데, 공교육 제도는 19세기 머물러 있다. 이제 정답을 외우는 암기 위주의 교육은 끝났다. 지금 중·고생이 30대가 되는 2040년대면 그들이 학교에서 배운 내용 중 90% 정도는 쓸모없게 될 것이다. 미래는 인간이 하던 많은 일들은 AI 로봇으로 대체된다.

미래교육의 패러다임은 어떻게 변화할까.

첫째, 미래학교다. 교육과 학교는 이제 동의어가 되지 않는다. 학교 교육은 영감을 불러일으키는 교육으로 학교의 재구조화가 가속화된다. 원격교육 상시화, 평생교육 확대, 학습자 맞춤형 교육 형태로 바뀐다. 클라우딩 컴퓨팅과 가상·증강(VR·AR) 현실을 활용한 디지털 기반 교육의 중심은 미래 교실이다.

둘째, 학습방식이다. 온라인과 오프라인 학습 활동을 결합한 혼합학습(blended learning), 온라인에서 우선해서 사전학습 후 오프라인에서 더 깊이 토론하는 거꾸로 교육(flipped learning)이 상시화된다. AI 튜터 지원은 에듀테크(EduTect) 개인 맞춤형 플랫폼에서 제공한다. 국제바칼로레아(IB, International Baccalaureate) 평가시스템을 도입해 교육과정과 수업방식이 변화한다.

셋째, 교사의 역할이다. 미래교육은 지금처럼 지식을 전달하는 교사나 교수의 역할이 아니라 학습자 스스로 학습이 필요한가를 깨우치게 하는 것이다. AI 스마트 러닝의 오픈 학습 환경을 기반으로 코스웨어 활용을 조언하는 코치의 역할을 한다.

교육부가 지금 해야 할 일은 미래세대가 AI 시대의 생존 역량을 높이는 미래교육 혁명에 전력투구할 때다. 미래교육 혁명은 미래를 예측하고 스스로 미래를 만드는 능력을 길러주는 교육이기 때문이다. 그렇다면 어떻게 해야 할까.

첫째, 미래교육부로 재탄생해야 한다. 역대 정부에서 매번 교육부 개혁이 거론됐지만 실현된 적은 없다. 정권마다 존폐의 고비를 넘기는 과정에서 장관은 자리보전, 관료는 조직 존속을 위한 이해관계가 맞아떨어졌기 때문이다. 조직과 사람, 일하는 방식을 전면적으로 혁신해 거듭나야 한다.

둘째, 학생 중심이다. 교육 정책은 공급자 위주가 아니라 최종소비자인 학생이 돼야 한다. 단기적인 관점에 매몰될 때 졸속으로 추진되는 정책이 교육개혁을 방해하고 있다. AI 시대의 교육은 맞춤형 학생 교육이 돼야 한다.

셋째, 정책변화다. 교육 정책이 백년대계는 아니어도 즉흥적이어서는 안 된다. 여론을 수렴하고 의견을 듣는 과정을 반드시 거쳐야 한다. 관철보다 중요한 게 설득이고, 강행보다 먼저 해야 할 일은 조정이다. 위기를 모면하기 위한 탁상행정을 펼치는 관행을 버려야 한다.

넷째, 융합인재다. 정부는 반도체 인력 15만 명 양성 계획을 발표했다. 반도체 산업 인력은 신소재, 소·부·장, 재료 등 여러 학과 전공자가 필요하다. 창의적이고 종합적으로 문제를 해결할 수 있는 디지털 지수(Digital Quotient, DQ)를 갖춘 융합인재(STEAM Literacy)를 길러야 한다.

다섯째, 미래역량이다. 미래세대에게 필요한 것은 이전에 없던 새로운 문제를 해결하는 창의력이다. 유연성, 창조성으로 새로운 가치를 창출해야 한다. 미래를 예측하는 최선의 방안은 학습자 스스로 미래를 만드는 것이다.

마지막으로 미래교육 혁명이다. 국가의 미래, 새로운 혁신의 원동력은 미래교육 혁명에서 나온다. 국가 개조 수준의 교육 패러다임 전환이 절실하다. AI 시대 4차 산업을 이해하고 에듀테크를 현장에 적용해 미래교육 혁명이라는 새로운 바람을 일으켜야 한다.
〈아주경제 2022.09.30.〉

디지털 교육 성공의 조건

교육개혁(Education Reform)은 급변하는 사회에 적응하기 위해 교육 운영의 모든 국면을 변화시키는 것이다. 세계는 지금 AI(인공지능) 혁명 시대에 발맞춰 교육개혁에 박차를 가해 교육의 틀을 바꾸고 있다.

교육이 창의력을 발휘할 수 있도록 꺼내는 교육(take out)으로 패러다임이 빠르게 변화하고 있다. 교육 선진국들은 큰 틀의 개혁을 끊임없이 변화하고 개혁해왔다. 학생과 교사들이 새로운 도전을 두려워하지 않았기 때문이다.

또한 교육개혁을 통해 미래형 인재 양성과 국가경쟁력 향상이라는 놀라운 성과를 모두가 인식하고 있다. 역대 정부의 교육개혁은 5년 단임 정부에서 성과를 내려는 조바심에 근시안적인 정책 추진으로 실패를 거듭했다.

관료 중심인 탑다운 방식 일변도로 추진되면서 현장에 뿌리를 내리지 못했다. 안타깝게도 우리는 5·31 이후에 개혁다운 개혁을 시행하지 못했다.

지금이 암기 위주의 교육을 바꾸기 위한 절호의 기회다. 현재와 같은 주입식 교육(put-in)을 계속 지속한다면 AI 시대 사라질 일자리를 위한 학습을 하는 셈이다.

정해진 답과 공식을 외워 앵무새처럼 따라 한다면 미래에 생존하기는 불가능하다.

그렇다면 디지털 교육개혁에 성공하기 위해서는 무엇을 바꿔야 할까.

첫째, 교육은 정치적 중립을 지켜야 한다. 헌법 제31조 제4항에 교육은 정치적 중립이 보장되어 있듯이 교육개혁은 정치적 퍼포먼스가 돼서는 안 된다. 유권자의 표나 이념을 앞세우는 각종 단체의 이해관계가 개입해서는 더욱 안 된다.

둘째, 교육 현장이 주도해야 한다. 지금까지 교육개혁은 일방적 하향식으로 학교 현장의 근본적인 변화를 불러오지 못했다. 디지털 교육개혁은 학생·학교로부터 시작되는 바텀업 방식이어야 한다. 현장 교사가 공감하고 소신 있게 가르칠 수 있는 교권 회복 환경이 조성돼야 한다.

셋째, 공약과 정책은 다르다. 주로 선거 때 폴리페서·보좌관 등 측근 세력들이 공약을 만든다. 그들은 매우 폐쇄적이고 밀실에서 공약을 만든다. 나열된 공약은 나중에 정책이 된다. 공약의 핵심에는 학생·교사가 빠져 있다. 예산이 투입되는 정책은 공약과 본질적으로 다르다.

넷째, 일하는 방식을 바꿔야 한다. 정책적 판단을 할 수 있는 고위직 공무원 중 현장을 경험한 사람이 거의 없다. 과거의 시점에 머물러 있는 일하는 방식도 교육개혁을 방해하고 있다. 디지털 교육개혁은 교육부와 교육청 변화가 혁신의 출발점이 되어야 한다.

다섯째, 화분 물주기식 예산 배분은 멈춰야 한다. 국정과제에 대규모 예산 사업을 분배하는 방식도 문제다. 교육청별로 단기간 내에 할당하고 전시적으로 사용하는 예산 배분 방식은 그만둬야 한다. 예산을 학교에 골고루 나눠주는 것은 비효율적이다.

여섯째, 교원의 AI 역량 강화다. 교육 현장에서 AI 리터러시 윤리교육의 필요성이 높아지고 있다. AI 교육을 통해 기르고자 하는 능력이 AI 리터러시다. AI 교육에 적합하지 않은 교원들이 교사의 권리만을 주장하면 안 된다. AI 능력을 높이기 위한 교사 연수가 시급하다.

일곱째, 미래 환경 변화에 대비해야 한다. AI 대화형 챗봇인 챗(Chat) GPT(Generative Pre-trained Transfomer) 등장으로 논·서술형 과제 제출하는 것을 넘어 논문작성도 가능한 시대다. 2028년 대학입시부터는 논·서술형 시험이 도입된다. AI 시대 대학입시를 어떻게 할 것이냐에 대해서 긴 호흡으로 논의해야 한다.

마지막으로. 디지털 교수·학습 플랫폼 구축이다. 정부의 교육개혁 핵심은 초·중·고 교육의 디지털 전환이다.

학교 교과 이상의 학습 콘텐츠와 개인별 맞춤형 학습으로 공교육의 확장 플랫폼이 필요하다. 디지털 교육개혁의 시작은 'K-디지털 교과서 플랫폼' 구축에 있다. 교육개혁이라는 정치적 구호만으로 디지털 교육개혁이 성공할 수 없다. AI 혁명 시대를 맞아 디지털 교육개혁 성공 여부에 대한민국 미래 운명이 걸렸다. (2023.01.28. 네이버 블로그)

경기 미래교육 성공의 조건

경기 미래교육의 새로운 바람을 불러일으킬 경기도교육연구원 6대 박정일 원장이 취임 한 달을 맞는다. 박 원장은 지난 30일 경기매일과 인터뷰에서 암기 위주의 교육을 AI 시대 맞춤형 미래교육으로 바꾸기 위해 경기교육연구원을 '대한민국 미래교육을 선도하는 싱크 탱크'로 이끌겠다며 "교육이 미래다. 미래교육만이 살길이다"라고 경기도교육연구원의 나아갈 방향을 제시했다. 다음은 일문일답.

Q. 미래교육에 뛰어든 이유는?
A. 기업, 글로벌 비즈니스, 정치, 연구소, 교육, 위원회, 로펌에서 다양한 사회 현장 경험을 통해 내린 결론은 '교육은 대한민국 미래다'고 내렸다. AI 시대 교육의 패러다임이 급변하고 있다. AI·BigData 전문가로서 대한민국 미래교육을 선도하는 것이 이생의 마지막 소임이며 사명이라는 각오로 모든 것을 바칠 것이다.

Q. 경기도교육연구원의 비전은?
A. 2023년 경영계획 수립을 위한 T/F를 출범했다. 대한민국 미래

교육을 선도하는 글로벌 싱크 탱크가 되도록 비전과 미션, 중장기 추진계획을 수립할 것이다. 경기교육의 목표는 학생들이 기본 인성과 디지털과 AI 기초 역량을 갖춘 미래 하이브리드형 인재로 성장하는 데 두고 있다.

Q. 미래교육이 필요한가?

A. 우리의 교육 현실은 19세기 교실에서 20세기 교사가 21세기 학생을 가르친다'라는 한마디 문구로 표현할 수 있다. 70년이 넘은 낡고 늙은 교육이 AI 시대 하이브리드형 창의적 인재 양성을 가로막고 있다. 이런 교육으로 미래를 헤쳐 나갈 수 없다. 국가경쟁력을 높이기 위해 미래교육은 선택이 아닌 필수다.

Q. 현재 교육의 문제점을 꼽는다면?

A. 지금 초등학생이 40대가 되는 2050년대엔 그들이 학교에서 배운 내용 중 90% 정도는 쓸모없게 된다. 암기 위주의 교육으로 AI 시대 생존은 불가능하다. 지금까지 인간이 하던 많은 일을 AI 로봇이 담당한다. 많은 시간과 돈, 노력을 교육에 투자하는데 효율성이 너무 떨어진다. 미래는 현재의 직업 과반이 사라지고 새로운 직업 60%는 나타나지도 않았다.

Q. 교육개혁에 대해서.

A. 미래교육 혁명은 경제성장의 엔진이다. 교육은 경제성장에 필수적 요소다. 인적자원 개발은 한국경제 성장의 견인차 역을 담당

했다. 글로벌 경쟁에서 앞서기 위해서 우리만의 독자적 기술로 승부를 봐야 한다. AI 시대 블루오션을 이끌 통섭형 인재 양성을 위해 암기 위주의 교육에서 탈피하고 창의성 교육으로 전면 개혁해야 한다.

Q. 미래교육은 특징은?

A. 미래학교는 온라인 멀티 플랫폼을 기반으로 스마트 러닝을 학습 원칙으로 한다. 학습 체계는 융합과 창의적 사고(STEAM Literacy)를 키워주는 구조로 개편된다. 모든 수업은 학습자 중심과 맞춤형 교육이 실행된다. IB(International Baccalaureate))와 DQ(Digital Quotient) 교육으로 디지털 창의력을 높인다. 에듀테크 교육으로 AI 시대 교육격차를 해소할 수 있다.

Q. 미래교육의 변화는?

A. 학교는 재구조화되고 원격교육이 상시화되며 평생교육이 확대된다. 교사는 주입식 교육을 지양하고 디지털 기술을 활용 학습 컨설턴트 역할을 한다. 학생은 AI 튜터를 활용 자기 주도적 학습과 혁신적 사고를 키운다. 정부는 에듀테크 플랫폼을 제공한다. 사회적으로 미래교육 중요성이 확산한다.

Q. 경기 미래학교를 어떻게 지원할 것인가?

A. AI 시대 미래에 학생들이 생존 역량을 높이기 위한 다양한 교육 프로그램을 연구 및 개발하고자 한다. IB 프로그램 도입해 융

합인재를 양성, AI 교육에 집중과 반도체 및 소프트웨어 맞춤 학교로 집중할 수 있도록 지역과 학교 특성에 맞는 코스웨어 도입을 검토할 것이다.

Q. AI 교육 및 연수에 대해.

A. AI와 빅데이터를 활용해 맞춤형 학력 진단과 처방을 할 수 있도록 할 계획이다. 교사 대상의 디지털 활용 역량 강화와 에듀테크 관련 연수 교육을 확대해 AI 기반 수업을 강화할 계획이다.

Q. 마지막으로 강조하고 싶은 내용은?

A. 경기도교육연구원이 미래교육의 방향을 제시해 도전과 변화를 이어 가겠다. 경기교육의 변화가 대한민국 교육의 변화를 이끌 것이다. 경기도교육연구원의 미래교육 연구에 대한민국의 운명이 걸렸다. 경기도교육연구원 모든 직원은 원팀으로 똘똘 뭉쳐 경기 미래교육 성공에 집중할 것이다. 많은 응원과 관심, 격려를 부탁드린다. 〈경기매일. 2022.10.03.〉

메타버스를 활용한 경기 미래교육

코로나 팬데믹으로 인한 비대면 교육이 많아지면서 가상공간 플랫폼인 메타버스(Metaverse)가 교육에 활용되고 있다. AI 시대의 메타버스 미래교육에 대해 경기도교육연구원 박정일 원장을 지난 8일 인터뷰했다. 박 원장은 인터뷰에서 "메타버스 교육의 시대가 다가오고 있다. 메타버스는 미래교육의 혁명을 불러온다"라며 메타버스 미래교육의 새로운 방향을 제시했다. 다음은 일문일답.

Q. 메타버스란?
A. 가상을 의미하는 메타(Meta)와 우주를 의미하는 유니버스(Universe)의 합성어가 메타버스(Metaverse)다. 우리가 실제 생활하고 있는 현실 세계와 동일한 세상을 재현한 3차원의 가상 세계로 가상·증강 현실(VR·AR)보다 한 단계 더 업그레이드된 개념이다. 아바타 대리 활동을 통해 실제 공간을 대체하거나 보완해 일상생활과 경제활동을 실제와 같은 경험이 가능한 공간이다. 단순히 게임에서 아바타를 활용해 가상현실을 체험하는 데 그치지 않고 경제·사회 활동 등 실제 생활과 똑같은 가상공간을 기존 인터넷 기반 기술을 보완해 구현한 것이다. 스마트폰과 PC 등 다양

한 디지털 미디어를 통해 표현되는 뉴 디지털 세상을 말한다.

Q. 메타버스 유형은?

A. 메타버스는 증강(Augmentation), 모방인 시뮬레이션 (Simulation), 내부(Intimate) 몰입, 외부(External) 투명으로 구분된다. 증강 현실은 현실에서 우리가 인식하는 물리적 환경에 새로운 시스템을 보여주는 기술이다. 시뮬레이션은 현실을 모델링해 새로운 환경을 제공하는 기술을 말한다. 메타버스 로드맵은 증강 현실(Augmented Reality), 라이프 로깅(Life logging), 거울 세계(Mirror Worlds), 가상 세계(Virtual Worlds) 유형으로 분류한다. 최근에는 4가지 유형이 융합되면서 새로운 형태의 복합 서비스로 진화 중이다.

Q. 메타버스 프레임 워크에 대해.

A. 증강 현실은 현실 세계에 있는 물리적 대상에 디지털 데이터를 겹쳐 가상을 투영하기에 실재감이 높다. 거울 세상은 현실 세계를 디지털 세상으로 투영시킨다. 라이프 로깅은 사람과 사물이 경험하는 일상 정보를 데이터화 한다. 가상현실은 현실을 모방한 가상의 세계를 디지털 데이터로 구축한 가상 세계다.

Q. 메타버스 교육의 효과는?

A. 시간·공간의 한계를 넘나드는 VR(가상현실) 공간에서의 메타버스를 활용한 교육은 AI와 ICT 기술의 급속한 발전으로 실현할

수 있다. 메타버스 교육의 효과는 학습자가 재미와 흥미를 느낀다는 것이다. 게임을 하듯 자신의 아바타를 컨트롤하기에 몰입도가 매우 높다. 실제와 같은 환경을 가상 세계에서 자유롭게 구현할 수 있어 창의성이 함양된다. 또한 가상 세계에서 자유롭게 대화나 채팅할 수 있어 다양한 소통과 생각 공유의 경험이 가능하다. 고비용으로 일부 선발된 극소수만 체험할 수 있었던 일을 가상현실에서는 누구든지 체험할 수 있어 교육격차를 해소할 수 있다. 메타버스 교육은 무한한 공간과 자료의 활용이 가능하고, 과거와 미래를 넘나드는 실감 나는 체험을 통해 학습효과를 극대화할 수 있다.

Q. 코로나19가 종식되면 메타버스 교육은 어떻게 되는지.
A. 원격교육을 활용한 비대면 교육이 전통적인 대면 교육을 전면 대체할 수 없다. 대규모 학습자나 고가의 장비가 필요한 수업은 메타버스를 통해 상호 보완으로 효과를 극대화할 수 있다. 메타버스 교육은 비대면 원격교육의 한계를 극복할 것이다. 학습자가 메타버스 공간에서 특수 제작된 툴로 직접 콘텐츠를 제작해 질문하고 답하기에 학습의 질이 엄청나게 높아진다.

Q. DX 시대의 디지털 리터러시 높이기 위해선?
A. 종전의 3R 읽기(reading)·쓰기(writing)는 문자해득력이 리터러시(literacy)다. 여기에 계산하기(reckoning)를 추가하면 누멀시(numeracy, 숫자 해독력)와 디터러시(diteracy, 디지털 해독력)를 추가하여 '경기 미래교육 뉴 3R'을 정립하겠다. 현재 리터

러시 능력을 측정하면 초·중·고 학생은 학년이 높아짐에 따라 이해력·문해력·디터러시 능력이 높아진다. AI 시대 디터러시를 높이기 위한 연구를 GIE에서 수행할 예정이다.

Q. 경기 메타버스 미래교육의 비전은?
A. 'AI 메타버스 하이브리드 미래교육 실현'이다. 슬로건은 'GAMHS'다. 언제 어디서 누구든지 학습 체험할 수 있는 '경기 AI 메타버스 하이브리드 시스템(Gyeonggi AI Metaverse Hybrid System)'을 준비 중이다. 경기 메타버스 교육이 대한민국 메타버스를 이끌고 글로벌 메타버스 교육을 선도할 것이다.

Q. 구체적 실현 방안은?
A. 경기 미래교육은 'AI Metaverse Hybrid Solution'을 기반으로 한다. 기본 원칙으로 상상력과 창의성을 높이고, 디지털 리터러시 능력을 함양하며, 공감·소통·협업 역량을 높이는 것이다. 문화 예술 수업, 학습 격차 해소, 학교폭력 예방 방지 AI 솔루션 등 학생과 학부모가 피부로 느낄 수 있게 할 것이다. 메타버스 기반으로 AI 튜터를 활용한 시뮬레이션 솔루션이 실현되면 경기 미래교육이 대한민국 교육을 이끌고 나아가 글로벌 미래교육을 선도할 것이다. 〈경기매일. 2022.10.10.〉

교육개혁과 경제성장 두 마리 토끼 잡으려면

교육은 경제성장과 직결된다. 교육은 경제성장에 있어서 필수적 요소다. 교육과 인적자원 개발은 한국 경제성장의 견인차 역을 담당했다. 교육은 인적자본 증대를 통해 직접적으로 그리고 기술 발전 등을 통해 간접적으로 경제발전을 촉진한다. 경제성장의 엔진은 교육을 통한 인적자원 양성에 있다.

인적자본의 축적은 물적 자본의 축적을 유발함과 동시에 생산기술의 발전을 가져옴으로써 경제의 지속적 성장을 가능케 한다. 인적자본이 증가하면 물적 자본의 한계생산이 증가하게 되어 국내 투자와 외국투자가 늘어난다. 인적자원은 시대와 산업 발전에 따라 성격 자체가 변화한다.

산업화 시대 한강의 기적을 만들 수 있었던 것은 모방형 인적자본으로 충분했다. 암기 위주의 교육은 실업과 빈곤을 줄이고 계층 간 유동성을 촉진함과 동시에 노동생산성을 발전시켜 경제성장이 원인이 되는 우선순위에서 촉망받는 패러다임이었다.

기업이 글로벌 경쟁에서 생존하기 위해 독자적인 기술로서 경쟁해야 한다. 신성장동력, 블루오션을 찾아내기 위해서는 이를 가능하게 만들 통섭 능력을 갖춘 인재들이 필요하다.

한국경제가 지속적 성장을 하기 위해서는 인적자본의 성격이 획기적으로 변해야 한다. 무엇보다 과거형 인적자본 축적에 의존한 성장방식에서 탈피해야 한다. 이제는 모방형 인적자본 중심의 양적성장에서 미래 인적자본 중심의 질적인 성장으로 변화가 일어나야 한다.

4차 산업혁명과 인공지능(AI) 시대의 미래 성장 동력은 하이브리드형 인적자본에서 찾아야 한다. AI 시대에 걸맞은 인적자본이 적절하게 성장해준다면, 또 다른 생산요소인 물적 자본은 쉽게 따라온다.

교육과 경제발전은 어떤 연관 관계가 있을까.

첫째, 공동운명체다. 교육이 발전한 국가는 경제가 발전되었고, 경제가 발전한 국가는 교육이 발전하고 있다. 경제발전이 이루어지면 교육 발전도 기대될 수 있지만 그보다는 교육 발전 다음에 경제발전이 이루어지는 경우가 훨씬 높다. 따라서 지속적 경제발전을 위해서는 교육개혁이 선행되어야 한다.

둘째, 투자에 대한 수익성이다. 교육투자에 대한 수익성은 실물투자에 대한 수익성에 절대로 뒤지지 않는다. 이것은 교육의 경제적 가치만 고려할 경우이기 때문에 교육의 비경제적 가치까지 포함한다면 교육투자의 수익성은 더욱 크다.

셋째, 노동생산성 향상이다. 교육은 노동의 질 개선을 통하여 생산성을 증대시킨다. 최첨단 기술이 경제발전에 이바지하는 정도의 일부분이라고 하면 교육이 경제발전에 대한 기여는 지대하다. 왜냐하면 기술 발전은 교육의 발전이 없으면 축적될 수 없기 때문이다.

넷째, 타 산업에 미치는 영향이다. 교육산업의 확충 발전 자체가 관련분야의 산업 발전을 지원 촉진 시킨다. 경제발전의 상당 부분은 교육산업의 발전으로 이루어진다. 타 산업 분야에 대한 기여는 직간접적 연쇄적인 파급효과까지 고려하면 영향력은 대단하다.

경제성장에 있어서 교육의 기여도를 높이기 위해서는 경제발전 단계에 맞는 인적자본 형성이 요구된다. 인적자본을 구축하기 위해 효과적인 교육 정책의 집행, 교육투자와 경제성장을 연계하는 시스템 형성, 교육·고용·복지 간 선순환 창출이 이루어질 수 있도록 다양한 정책들이 융합되어야 한다.

효과적인 교육 정책을 집행하기 위해서는 어떻게 해야 할까.

첫째, 공교육의 정상화다. 우리의 높은 교육열은 재정이 매우 열악하던 시기에 학교 교육 재정의 부담을 학생과 학부모가 상당 부분 감당했다. 이에 한국 교육의 급속한 확대 및 경제성장에 큰 역할을 담당했다. 입시경쟁으로 인한 과도한 사교육비 지출은 최소화할 수 있도록 공교육의 질을 높이는 교육 정책이 시급하다.

둘째, 노동수요 변화에 대응이다. 우리의 교육 기회 확대는 초등교육, 중등교육, 고등교육 순으로 노동시장의 수요와 연계되면서 단계적으로 진행되었다. 하지만 외환위기를 계기로 고학력 청년실업이 매우 증가함으로써 심각한 사회적 이슈로 대두됐다. 4차 산업혁명 시대 불투명한 미래의 노동 수요의 변화를 고려한 교육 확대 및 인적 자원 양성 전략 수립이 시급하다.

셋째, 교육·고용·복지 간 연계다. 교육투자가 경제성장과 연계됨으로써 교육이 개인의 소득 증가와 계층 향상은 물론, 사회통합에 이바지했다. 교육투자가 개인 발전으로, 경제성장이 사회통합으로 다시 교육투자 확대로 이어지는 선순환적 구조가 창출될 수 있도록 교육과 고용, 복지정책을 연계해야 한다.

넷째, 인재 경쟁력이 산업경쟁력이다. 대학은 기업의 니즈에 맞는 교육과 특화된 전략으로 전문성·창의성을 갖춘 인력을 배출해야 한다. 정부는 최첨단 기술과 산업에서 요구하는 엔지니어 육성을 위한 중장기 계획을 수립하고 국내 대학 경쟁력을 촉진을 위해 선택과 집중해야 한다.

마지막으로, AI 시대에 걸맞은 인적자본 축적을 위해 교육개혁이 필요하다. 초중고, 대학에서의 교육개혁은 창의성과 독창성을 강조하는 방향으로 이루어져야 한다. AI 시대 머릿속에 온갖 지식을 외우고 다니도록 요구하는 교육이 더 이상 핵심으로 자리 잡아서는 안 된다. 창의성 중심 교육으로의 방향 전환을 위한 교육제도를 개혁해야 한다. 미래교육 혁명에 나라의 운명이 걸렸다.
〈ifsPOST, 국가미래연구원, 2022.09.20〉

제3부

●

교
육
개
혁

정
책
제
언

1. 디지털 교수학습 플랫폼 구축

많은 시도교육청에서 각각의 현실적 대안을 찾아 교육 플랫폼을 구상하거나 구축하고 있습니다만, 새로운 정부가 추진하고자 하는 AI 디지털 교과서를 활용한 맞춤형(개별화) 학습과 관련하여 대부분 본질적인 핵심이 빠져 있습니다. 공교육 수업의 핵심인 교과서의 AI 기반 디지털 고도화는 논외로 한 채, 서비스 양적 확대 중심의 방식을 취하는 듯 보입니다. 그래서 경기형 디지털 교수학습플랫폼을 구안하는 데 있어, 반드시 고려하고 해결해야 할 핵심은 인공지능 기반의 '고도화된 AI 디지털 교과서 서비스와 개인별 맞춤형 학습 시스템, AI 튜터링'입니다.

하지만 질적인 부분까지 고려하여 구축하기 위해서는 막대한 예산과 시간, 자원들이 필요합니다. 따라서 본 플랫폼을 효과적이고 실재적으로 구축, 운영하기 위해서는 ① 현재 교과서 사업을 영위하고 있는 기업이 각사의 교과서를 공교육에 더욱 적합한 디지털 콘텐츠로 고도화하고, ② 스마트 학습 서비스 기업과는 개인별 맞춤 학습을 위한 AI 튜터링 플랫폼을 함께 구축, 운영하여 교육청과 협업할 수 있도록 연계를 하는 것이 현실적인 필수 조건입니다.

교과서를 AI 에듀테크 기반으로 학교 현장에서 활용하는 사례는, 국내는 물론 해외에서도 찾아볼 수 없습니다. 본 플랫폼이 제대로 구축되어 실제 학교 현장에 쓰일 수 있다면, 미래교육의 인프라 제공은 물론이고 학부모의 사교육비 지출을 획기적으로 줄여나갈 수 있을 것이며, 나아가 글로벌 스탠더드 플랫폼이 될 것이라고 확신합니다.

이러한 이유로 인해, 본 기획안의 핵심 키워드는 AI 디지털 교과서, AI 튜터링 그리고 민관 협력사업 모델이라는 점을 다시 강조하며 시작하고자 합니다.

경기형 디지털교수학습플랫폼 구축(안)

AI디지털교과서와 AI튜터링을 중심으로 한 민관협력사업 모델

[경기도교육연구원장]

사업의 근거

○ 경기도 교육감 공약 [정책분야 01. 하이테크 기반 학생 맞춤형 교육]

○ 2023 경기교육 기본계획 [새롭게 열어가는 미래교육 : 에듀테크 활용 학력 향상]

목적

○ 학교와 수업 현장 중심의 실제적인 디지털 교육 플랫폼 제공

○ 인공지능과 빅데이터에 기반한 학생 개인별 맞춤형 수업 지원 기반 구축

○ 경기침체의 상황에서도 사교육이 필요 없는 공교육 학습지원책 강화

개요와 방향성

○ 경기도교육청과 민간교육기업(검정교과서 퍼블리셔, 에듀테크기업, 학습콘텐츠기업 등)이 공동으로 참여하여 '경기형 디지털 교수학습플랫폼'을 구축함으로써, 인공지능학습플랫폼

기반의 AI 디지털 교과서와 AI 튜터링을 중심으로 한 하이터
치 하이테크 기반의 선도적인 공교육 인프라를 조성

○ [학생] 개인별 스마트학습기기를 활용하여, 고도화된 AI 디지
털 교과서 중심의 학교 공부와 문해, 독서, 코딩 등의 특별학습
그리고 전문 심화학습 콘텐츠 등을 제공

[사업의 주요 방향]

○ [교사] 플랫폼을 통해 수집, 분석된 학습데이터를 활용하여, 교
사와 AI 튜터가 함께 학생들의 맞춤형 진단-학습-피드백이 가
능한 수업 시스템 제공

○ [학교] 학생(교과) 맞춤형 학습 지원 실천 학교(학년/교과) 운
영 시스템과 에듀테크 기반 진단평가 솔루션 적용

○ [학부모] 자녀의 학습통계 및 학습성과와 자기 주도 학습역량
및 태도 등의 분석데이터에 기반한 e-포트폴리오 제공

목표 모델

○ 민관 연계를 통해, 교육청 예산의 효율적 활용과 구축 플랫폼

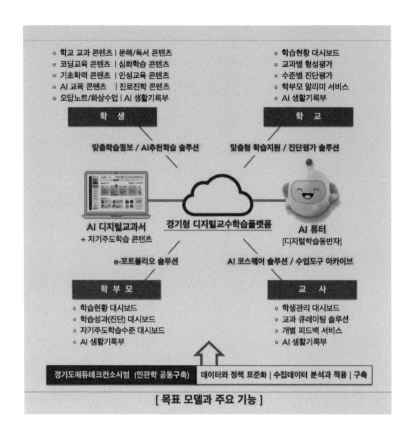

○ 학교 교과 콘텐츠 | 문해/독서 콘텐츠
○ 코딩교육 콘텐츠 | 심화학습 콘텐츠
○ 기초학력 콘텐츠 | 인성교육 콘텐츠
○ AI 교육 콘텐츠 | 진로진학 콘텐츠
○ 오답노트/화상수업 | AI 생활기록부

○ 학습현황 대시보드
○ 교과별 형성평가
○ 수준별 진단평가
○ 학부모 알리미 서비스
○ AI 생활기록부

학 생   **학 교**

맞춤학습정보 / AI추천학습 솔루션   맞춤형 학습지원 / 진단평가 솔루션

AI 디지털교과서   **경기형 디지털교수학습플랫폼**   **AI 튜터**
+ 자기주도학습 콘텐츠   [디지털학습동반자]

e-포트폴리오 솔루션   AI 코스웨어 솔루션 / 수업도구 아카이브

학 부 모   **교 사**

○ 학습현황 대시보드
○ 학습성과(진단) 대시보드
○ 자기주도학습수준 대시보드
○ AI 생활기록부

○ 학생관리 대시보드
○ 교과 큐레이팅 솔루션
○ 개별 피드백 서비스
○ AI 생활기록부

경기도에듀테크컨소시엄 (민관학 공동구축)   데이터와 정책 표준화 | 수집데이터 분석과 적용 | 구축

[목표 모델과 주요 기능]

의 실효성 확보

○ 인공지능 기반 [AI 디지털 교과서 & AI 튜터]를 핵심으로 하는
플랫폼 구축.

① 향후 디지털 교육 대전환을 위한 최우선 과제는 현행 교과
서의 디지털 고도화.

② 현행 교과서의 AI 디지털 고도화를 구축하기 위해서는 천
문학적 예산과 기간 소요. 따라서, 검정교과서의 경우 현재
교과서 민간기업을 중심으로 고도화할 수 있도록 사업을

연계하는 것이 효과적.

③ AI 튜터의 공교육 활용을 위해서도 원천기술의 라이선스와 IP 비용 등 이 막대함으로, 현행 스마트 학습 플랫폼 민간 기업과의 연계가 필수

④ 공공과 민간의 효율적인 플랫폼 연계를 위해 시범사업을 통한 표준모델 마련.

○ 학교 교과 이상의 학습 콘텐츠와 개별 맞춤형 학습으로 [사교육비 제로] 플랫폼 구축.

① 교과 연계 학습, 문해/독서/코딩 등 특별학습, 기초학력 증진 및 심화학습 콘텐츠 등을 확대 적용하여 스마트학습기에 탑재 운영.

② 효과적인 학습기 관리 방안을 마련하여 학교 수업, 방과 후 학습과 돌봄 교실 그리고 가정 내 학습 등을 통해 맞춤 학습과 자기주도학습의 지원체계 수립.

③ 도내 교대와 사대, 지역사회 인력 풀을 활용하여, AI 튜터링(하이테크)과 연동한 휴먼 멘토링(하이터치)을 함께 운영하여 기초학력 미달 학생을 비롯한 학습 소외 계층의 학력 증진 장치 마련.

접근 방식

○ 2025년 디지털 교육 대전환 시점을 목표로 단계적으로 접근

① 1단계 [선도학교 시범사업] : 일부 학년/일부 교과 대상 디지털학습플랫폼 적용

② 2단계 [시범학교 확대 사업] : 교사 AI 코스웨어 솔루션, 진단평가솔루션 등 고도화

③ 3단계 [도내학교 전면 적용] : 표준화된 플랫폼 전체 적용

④ 추진 일정 :

구 분	2023.07~	2024	2025년	비고
1단계 [선도학교 시범사업]				
2단계 [시범학교 확대사업]				
3단계 [도내학교 전면적용]				

○ 플랫폼 구축사업에 민간기업의 적극적인 참여 유도를 위한 제도 마련

① 특히, AI 디지털 교과서와 AI 튜터링 기업과의 '퍼블릭 프라이빗 파트너십' 구축

② 현행 검정교과서 채택제도와 유사한, '학교별 스마트 학습 플랫폼 채택과 활용을 위한 바우처 제도' 마련

③ 1~2단계 시범사업 시, 검정교과서를 채택한 학교와 해당 민간기업을 연계하여 학교와 수업 현장에 적용하는 것이 효과적

기대 효과

○ 에듀테크 기반 미래형 교육 시스템 구축을 통해 글로벌 표준 플랫폼으로 위상 정립

○ 인공지능학습플랫폼에 기반한 학생 개인별 맞춤형 수업 지원

인프라 구축

○ 민관 협력체계를 통한 효율적 예산 활용과 전문화된 공교육 에듀테크 생태계 구축

○ 다양한 교육 콘텐츠 및 코스웨어 접근성 강화를 통한 사교육비 절감과 교육격차 해소

○ 디지털 기반 학습 지원으로 학생의 자기 주도 학습력 향상

교육개혁 성공하려면

윤석열 정부의 교육개혁 핵심은 초·중·고 교육의 디지털 전환이다. 이주호 교육부 장관은 "2025년 상반기부터 디지털 교과서를, 하반기부터 인공지능(AI) 튜터를 도입하겠다"라고 밝혔다.

문제점은 첫째, 하드웨어 보급에 치중하고 있다. AI 디지털 교과서를 활용한 맞춤형 학습과 관련해 교과서의 AI 기반 디지털 고도화는 논외로 한 채 1인 1단말기 보급 방식에 치중하고 있는 실정이다. 둘째, 예산과 구축 기간이다. 디지털 교육 대전환의 최우선 과제는 현행 교과서의 AI 디지털 고도화다. 디지털 교과서 시스템을 구축하려면 천문학적 예산과 상당한 개발기간이 소요된다. 셋째, 라이선스 비용 발생이다.

AI 튜터의 공교육 활용을 위해서는 콘텐츠 사용료를 지급해야 한다. 그렇다면 AI 시대 디지털 교육개혁 성공하려면 어떻게 해야 할까?

첫째, 목적 정립이다. 디지털 교육의 최종 목표는 미래 시대가 요구하는 역량을 키우기 위해 학생들의 특성과 수준을 고려한 맞춤형 학습을 하는 데 있다. 그러기 위해선 학교와 수업 현장 중심의 실제적인 디지털 교육 플랫폼을 제공해야 한다. 플랫폼은 AI와 빅데이터를 바탕으로 학생 개인별 맞춤형 수업 지원 기반이 돼야 한다.

둘째, 방향성이다. 교육부는 AI 학습 플랫폼 기반의 AI 디지털 교과서와 AI 튜터링 하이테크 하이터치 기반의 선도적인 공교육 인프라스트럭처 구축이라는 방향을 제시해야 한다. 시도교육청은 검정교과서 퍼블리셔, AI 기반 학습 플랫폼 기업 등이 공동으로 참여하는 'K디지털 교수·학습 플랫폼'을 구축해야 한다.

셋째, 고객 만족이다. 디지털 교육의 최종 고객은 학생·교사·학교·학부모다. 학생은 개인별 스마트 학습기기를 활용한 학습환경을 원한다. 교사는 AI 기반 학습데이터 수집·분석·피드백이 가능한 수업 시스템을 활용해야 한다. 학교는 에듀테크 기반 진단평가 솔루션을 구축해 학부모에게 자녀의 학습 성과와 자기 주도 학습 역량 분석 데이터를 제공해야 한다.

넷째, 플랫폼 구축이다. 학교 교과 이상의 학습 콘텐츠와 개별 맞춤형 학습으로 공교육의 확장 플랫폼이 필요하다. 교과 연계 학습, 코딩 등 특별학습, 기초학력 증진 및 심화학습 콘텐츠 등을 확대 적용해 스마트 학습기에 탑재·운영할 수 있어야 한다. 방과 후 학습, 돌봄교실을 통해 맞춤 학습과 자기 주도 학습의 지원체계가 수립돼야 한다.

다섯째, 추진이다. 데이터·표준화·수집 데이터 분석과 적용을 위해서는 에듀테크 기업들의 컨소시엄을 구성해 민·관·학이 협력해야 한다. 정부는 법 제도 정비, 민간 차원에서는 기술을 제공하는 역할 분담을 해야 한다. 선도학교에 시범 적용한 후 확대해 나가면서 최종적으로 표준화된 플랫폼을 전면 적용하면 된다.

여섯째, 글로벌 수출이다. 교과서를 에듀테크 기반으로 학교 현장에서 활용하는 사례는 해외에서도 찾아볼 수 없다. 디지털 교과서 플랫폼이 제대로 구축돼 학교 현장에서 쓰일 수 있다면 미래교육의 인프라 제공은 물론이고 글로벌 스탠더드를 선점해 수출길도 열 수 있다.

제도개혁과 정책 발표만으로 디지털 교육개혁이 성공할 수는 없다. 정부가 바뀔 때마다 교육개혁이 화두였지만 대부분 용두사미로 끝났다. 디지털 교육 성공의 핵심 키워드는 AI 디지털 교과서, AI 튜터링, 민관 협력사업 추진 모델이다. 정부가 내건 3대 개혁 중 유일하게 서둘러 성과를 낼 수 있는 것은 디지털 교육개혁뿐이다. (매일경제 2023.01.11.)

2. 학폭 예방 상담 플랫폼 AI 챗봇 솔루션

학폭 예방 상담 플랫폼 및 AI 챗봇 솔루션

근거
○ 학교폭력 예방 및 대책에 관한 법률 (학교폭력 예방법)
○ 법률 제17668호 (시행 2021.6.23. 2020.12.22. 일부개정)

목적
○ 학생의 인권 보호, 학생을 건전한 사회 구성원으로 육성
○ 피해 학생 보호, 가해 학생 선도·교육 및 피해 학생과 가해 학생 분쟁조정

원인
○ 무관심 : 학생의 표정, 신체, 행동 관찰하면 징후를 발견 조기 예방 가능
○ 변화 : 과거는 신체·언어·성폭력, 최근에는 사이버·왕따·SNS 악플

○ 이유 : 솜방망이 처벌, 보복이 두려운 환경, 학교 사각지대, 부
　모 역할

목표
○ 학생 : 학창 시절 학폭으로 평생을 트라우마로 고통받지 않는
　세상
○ 학부모 : 부모 돈·권력으로 학폭 덮지 못하는 정의·공정 학교
　만들기
○ 적용 : 법률 AI 기술 및 생성 AI(ChatGPT, etc), 학폭 예방 상
　담 플랫폼

예산
○ 학폭 예방 AI ChatGPT 솔루션 : 학폭 예방 AI 챗봇 상담, 교
　육개혁 일환
　① 추진 : 1단계[23년 선도], 2단계[24년 시범 확대], 3단계[25
　　년 전면 도입]
　② 예산 : AI 시스템 개발 50억 (기간 및 기능에 따라 비용 변
　　동 가능)

효과
○ 24년 총선 前 학폭 예방 플랫폼 및 AI 챗봇 도입

학폭 예방 상담 플랫폼 AI 챗봇 솔루션

학교폭력은 위험 수준을 넘어 사회 문제로 대두되고 있다. 학교폭력은 사회구조적 문제다. 학교폭력의 피해로 인한 자살 증가는 이미 심각한 수준이다. 학교폭력은 단순히 학생 개인의 문제가 아니라 가정, 학교, 지역사회 모두의 문제다.

학교폭력 사건은 가·피해 학생의 구분이 불분명할 경우 학교폭력 업무처리 매뉴얼로 처리할 수 없다. 최근 학교폭력은 악성 댓글 등 사이버 폭력이 증가하는 추세다. 학교폭력은 학교폭력예방 및 대책에 관한 법률(학교폭력예방법)에서 정의하고 있다.

이 법에 따르면 학교폭력이란 학교 내외에서 학생을 대상으로 발행한 상해, 폭행, 약취·유인, 명예훼손·모욕, 공갈, 강요·강제적인 심부름 및 성폭력, 따돌림, 사이버 따돌림, 정보통신망을 이용한 음란·폭력 정보 등에 의하여 신체·정신 또는 재산상의 피해를 수반하는 행위라고 정의한다.

이 법의 목적은 피해 학생을 보호하고, 가해 학생의 선도·교육 및 피해 학생과 가해 학생 간의 분쟁조정을 통해 학생의 인권을 보호하고 학생을 건전한 사회 구성원으로 육성함에 있다. 학교폭력에 대한 학생들은 '피해 사실을 이야기할 수 없고, 도와줄 수도 없으며, 신고해도 소용없다'라는 인식이 널리 퍼져있다.

학교폭력 관련 상담 서비스로 학생·교사·학부모에 대한 학교폭력 예방 관련 교육 서비스인 학교폭력 예방교육지원센터, 학교·교육청·지역사회가 연계한 학교생활 지원 서비스인 위(Wee) 프로젝트, 채팅·게시판·카카오톡 등 온라인상에서 상담원이 상담하는 1388 청소년 사이버 상담센터, 학교폭력 예방 관련 카카오톡 채널인 상다미쌤, 다 들어줄 개(교육부), 117 학교폭력 신고센터(경찰청)가 운영 중이다.

문제점은 첫째, 학교폭력에 대한 형식적 가이드 라인이나 고정된 상담사례만 제공하다 보니 복잡다기하고 변화무쌍한 학교 현실 상황을 모두 담기 어렵다.

둘째, 오프라인 서비스의 경우 접근성 및 효율성이 낮다.

셋째, 비자동화된 서비스 형식이다. 상담원을 통한 채팅 서비스로 비용 증가 및 심리적 부담이 발생하고 데이터를 분석할 수 없다.

넷째, 다양한 기관(교육부·여성가족부·경찰청·방송통신위원회)에서 학교폭력 관련 도움을 주고 있으나 효율성이 낮다.

다섯째, AI 시대에 AI 및 플랫폼 기술을 충분히 활용하지 못하고 있다. 결국 학생을 위한 스마트 서비스로 나아가지 못해 실질적 이용자가 미미하다.

학교폭력을 예방하고 방지하기 위해선 사용자에게 신속 정확한 정보 및 실질적 도움을 주는 서비스를 제공하면 된다. 교육개혁의 일환으로 AI 기반의 학교폭력 예방 및 상담 솔루션 도입해

운영해야 한다.

학교폭력 상담 AI 솔루션은 다양한 서비스를 제공한다.

첫째, 자연어처리의 의미적 정보 검색이 가능하다. 일상적 문장으로 검색해도 그 의미를 해석해 법령, 시행령, 가이드 판례 등에 대한 검색이 가능하다.

둘째, 학교폭력 상담사례를 자동 추천한다. 학교폭력 관련 질문과 상담사례를 쉽고 빠르게 검색할 수 있으며 유사한 사례를 자동으로 추천하는 법률 AI 기술을 기반으로 한다.

셋째, AI 챗봇을 통해 신속 자문을 제공한다. 고도의 법률 AI 챗봇 기술을 활용해 더 정확하게 학교폭력 관련 조언 및 매뉴얼을 제공한다.

넷째, 유형별 대처방안을 제공한다. 왕따, 협박, 폭행, 사이버 범죄, 성폭력, 명예훼손 등 학교폭력 유형별 대처방안 및 가이드를 제공한다.

학교폭력 상담 AI 솔루션의 특징은 첫째, AI 챗봇과 자유롭게 상담한다. AI 챗봇과 비대면 상담으로 상담자의 심리적 부담을 줄여 객관적 상담이 가능하다.

둘째, 플랫폼을 통한 사례검색을 제공한다. 지능형 검색엔진을 이용한 플랫폼을 통해 정확한 사례를 검색하고 유사 사례까지 추천해준다.

셋째, 다양한 정보를 한곳에서 원스톱 서비스한다. 학교폭력과 관련한 상담 정보, 법령, 가이드 대처방안 및 교육 자료를 하나의 시스템을 통해 서비스한다.

넷째, 학교폭력 예방효과가 확대된다. AI 기술을 통한 학생들과 교사의 실질적 도우미 역할을 담당해 학교폭력 예방 교육 효과가 증대된다.

다섯째, 기존 상담 시스템의 단점을 보완하는 서비스다. AI 기반의 상담 솔루션은 빅데이터 분석 및 활용을 통해 기존의 분산되고 효율성이 낮은 학교폭력 관련 상담 서비스의 효율성을 대폭 향상한다.

여섯째, AI 기술로 미래교육 환경을 발전시킨다. AI 기반의 상담 솔루션은 다양한 영역에 확대 적용이 가능하다. 진로 적성, 가정폭력, 고민 상담 등에 적용하면 파급효과가 크다.

마지막으로 학교폭력 예방 교육도 한 곳에서 가능해진다. 단순한 동영상 교육에 나아가 메타버스와 ChatGPT를 활용한 교육 플랫폼은 적극적으로 학생들이 참여를 유도 할 수 있고 매우 높은 교육적 효과를 기대할 수 있다.

맞춤형 학폭 예방 AI ChatGPT 솔루션이 활용되면 학폭 없는 미래교육이 가능하다. 대한민국 교육개혁 성공의 첫걸음은 학폭 예방에 달려 있다. (2022.10.22. 네이버 블로그)

3. 전국연합학력평가 성적 유출 해결책

학생성적 관리 시스템 G-Cloud Service

전국연합학력평가유출 방지 솔루션

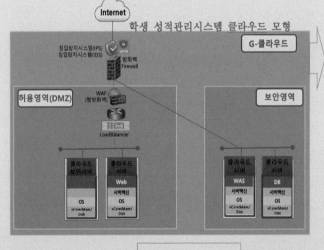

학생 성적관리시스템 클라우드 모형

국정원 보안인증 G-쿨라우드

G-클라우드를 이용한 안전한 IT시스템 관리
- 클라우드센터 물리적인 접근통제
- 방화벽/IPS/IDS를 통한 해킹차단, 보안관

학력평가유출 방지 방안
① 국정원 인증을 취득한 클라우드 센터로 출입제한
- 24X365일 보안관제센터 운영
→ 침입징후 포착 시 접근차단 등 대응
② 모든 시스템 접근자에 대한 추적, 로깅, 특정 명령어
수행 제한 등 설정가능
③ 시스템 접근 이력 추적 관리
- 클라우드센터 내 USB 사용 불가
- 관리자 등급별 접근가능한 서버, 시스템 권한 관리
→ 특정 명령어를 수행하는 인원 제한
(ex. 전체 학생 성적을 볼 수 있는 인원 제한)

데이터 보호를 위한 추가 보안솔루션
- 서버접근제어
- 서버보안
- DB접근제어
- DB민감정보 암호화
- 망연계보안

보안솔루션을 이용한 효과
- 서버(시스템) 접근 기록 로깅 및 추적
- DB서버 접근 기록 로깅 및 추적 가능
- DB 정보 암호화 보관 및 복호화
- 인터넷을 경유한 모든 문서, 데이터 추적 및 로깅

개요

○ Data를 안전하게 관리 보관할 수 있는 환경을 구현(G-Cloud 국정원 인정)

○ 보안관제센터 이용, 불법적 시스템 접근 차단, 작업자 내용 기록 보관

○ 허용영역 : 인터넷 접속 서비스 제공, 보안영역 : 중요 DB 안전 운영 관리

보안

○ 서버 보안 및 접근 강화 : 접속관리, 권한 체크, 기록관리, 각종 사고 예방

○ DB 접근제어 및 민감정보 암호화 : 로깅, 특정 명령 제한, 개인정보 암호화

○ 망연계 보안 : 모든 액세스 데이터 분석, 로그 기록, 국정원 사용 권고

방지

○ 침입 징후 포착하면 접근 차단 : 24×365 보안관제센터 운영

○ 모든 시스템 접근자, 작업자 추적, 제한 : USB 사용 불가

○ 관리자 등급별 접근이 가능한 서버, 시스템 권한 관리

해결

○ Public G-Cloud와 추가 보안 Solution 적용하면 안전하게 운

영 가능

○ 학생성적 유출 등 불법적 해킹이나 의도적 자료 유출 방지 및
추적 가능

○ 현재 운영 중 DB를 G-Cloud 시스템으로 전환하는 사전 작업
필요

효과

○ Server System 접근 기록 로깅 및 추적

○ DB Server 접근 기록 로깅 및 DB Data 조작 명령어 제한

○ DB 정보 암호화(Encryption) 보관 및 복호화(Decryption)

○ 인터넷을 경유한 모든 문서, 데이터 추적 및 로깅

교육개혁 성공의 길, 교육 공정성 정립

전국연합학력평가 성적 유출이 몰고 올 정치적 파장

근거
○ 헌법 제11조, 제31조 모든 국민은 균등하게 교육을 받을 권리
○ 교육기본법 제4조 모든 국민은 교육에서 차별받지 않음

목적
○ 헌법에서 강조한 교육의 공정성 개념은 기회의 균등과 조건의
   균등 보장
○ 우리 사회를 지탱하는 가장 기본적인 가치가 교육적 공정성

파장
○ 교육적 공정성 파괴 : 지역 간 학력 격차 확인, 입시의 공정성
   시비
○ 도미노 피해 우려 : 학원·대학 재생산 데이터 활용, 대학입시
   활용
○ 공정성 프레임 작동 : 특정 집단·세력이 정치화, 정부 부도덕

성 이슈화

목표

○ 미래 신 MZ 세대 (고2) 유권자 우호적 환경 조성과 포섭 (2024년 총선)

○ 교육적 공정성 이슈 선점, 정부 발목 잡는 공정성 현안 모두 삼킴

결단

○ 창의적이고 획기적인 해결책으로 대응, AI 학폭 예방 챗봇 플랫폼과 융합

성과

○ 3대 개혁 중 단기간 성과 낼 수 있는 것은 교육개혁

○ 대한민국 지탱하는 가장 기본적인 가치는 교육의 공정성, 정부 철학 부합

○ 역대 정부에서 실패한 교육개혁, AI 시대 맞춤형 교육개혁으로 성공시켜야

4. 2045년 'AI G3' 도약의 길

세계에서 AI를 가장 잘 쓰는 나라 만들기
— 광복 100주년 2045년, AI 대국으로 'AI G3' 도약

배경
○ 산업화 시대 : 한강의 기적, 제조업 강국으로 경제성장
○ 인터넷 시대 : IMF 위기를 인터넷 산업으로 극복, 'IT 강국' 도약의 초석
○ 인공지능(AI) 시대 : AI 미래 인재 양성, 'AI 대국' 기틀 마련
　　→ 'AI G3' 도약

비전 : 2045년 AI 강국으로 G3 도약
○ 김대중 정부 : '세계에서 컴퓨터를 가장 잘 쓰는 나라'
○ AI 정부 : '세계에서 AI를 가장 잘 쓰는 나라'

목표 : 교육개혁 성공
○ 대한민국 공교육을 받은 학생은 누구든지 AI 모델 만들기 능

력 보유

○ AI 시대 학생은 누구나, 언제나, 어디서나 AI를 역량 보유 창업
가능

공교육 정상화 → AI를 누구나 쉽게 배우고 창업까지

○ 초등 : 이론적 개념, 절차 시각적 교육, 메타버스 AI 튜터와 아
바타 대화

○ 중등 : 코드 변경 수준 학습, 다양한 사례 이용 문제를 직접 해
결 실습

○ 고등 : 사례를 벗어난 문제를 정의 해결 나만의 새로운 것을
만듦

효과 : 좋은 일자리 창출+공교육 정상화+경제 활성화

○ 일자리 창출 : MZ 세대 원하는 신기술에 의한 양질 일자리
300만 개

○ 공교육 정상 : AI 이해, 체험, 생성 공교육 이수하면 창업 연계

○ 경제 활성화 : 초거대 AI 모델 개발은 미래 먹거리, 블루오션,
ChatGPT

예산, 추진 : 1단계 500억 원, 2023년 9월 전격 도입

○ 강사 10만 명×30만 원=300억, 시스템 도입 200억, 2023년 하
반기 전격 도입

AI 혁명 시대 'AI G3' 도약의 초석을 다지는 성공한 대통령을 보고 싶다. 산업화 시대 '한강의 기적'을 이룬 박정희 전 대통령, IMF 위기를 극복 'IT 강국' 초석을 닦은 김대중 전 대통령의 궤적은 AI 대통령을 꿈꾸는 지도자에게는 더할 나위 없는 교과서다.

대한민국은 후진국에서 개발도상국을 거쳐, 이제는 어엿한 세계 10위권의 선진국 반열에 이르렀다. 이제 제조 강국 일본을 잡으려고 발버둥 치던 시대는 막을 내렸다.

IT 시대는 한국이 일본을 앞질렀다. 광복 100주년인 2045년 미·중에 이은 AI 산업에서 'AI G3' 도약을 위해선 AI 미래 인재 300만 명 양성은 선택이 아닌 필수 조건이다.

"세계에서 AI를 가장 잘 쓰는 학생"이 되도록 AI 기술을 활용해 공교육을 정상화해야 한다. 지금이야말로 교육개혁 성공을 위한 정책 설계를 완전히 새롭게 짜야 한다. 공교육을 받은 학생은 누구나 AI를 이해하고, 만들고 활용할 수 있도록 공교육을 정상화하는 것이 정부가 추진하는 교육개혁의 핵심이어야 한다. 대한민국에서 공교육을 이수한 학생은 누구든지 AI 기술 활용으로 창업이 가능한 나라를 만들기가 국정의 어젠다가 되어야 한다.

공교육에 AI 실제 체험 교육과정을 도입하면 좋은 일자리 창출, 스타트업 코리아 2030 실현으로 지속적 경제성장이 가능하기 때문이다.

IT 강국 토대 닦은 김대중 대통령

세계에서 가장 컴퓨터를 잘 쓰는 나라

김대중 대통령(1998~2003)은 취임사에서 "기술 입국의 소신으로 21세기 첨단 산업 시대에 기술 강국으로 등장할 수 있는 정책을 과감히 추진해 나가겠다"라며 "세계에서 컴퓨터를 가장 잘 쓰는 나라를 만들겠다"라고 선언했다.

IMF 외환위기를 겪으면서 실업자가 200만 명 발생했다. 경제 난국을 돌파하기 위해 수출을 확대하고 내수시장을 활성화하는 것이 급선무였다. 이에 국민의 정부는 IT 산업에 선택과 집중했다. IT 벤처에 전폭적인 지원으로 IT 산업 현장에 많은 인재를 끌어들일 수 있었다.

국민의 정부 IT 정책의 핵심은 '사이버코리아 21'이다. 인터넷 인프라 구축, DB 확보, 산업 육성에 과감히 투자해 사회를 정보화 분위기로 바꿔놓았다. IMF로 전 산업이 침체하는 가운데 정보통신기술 개발 5개년 계획을 추진해 IT 산업이 지속해서 고속 성장할 수 있는 발판을 구축했다. 경기침체로 투자에 위축된 기업들이 IT 산업에 눈을 돌리게 만들고, IMT2000 허가를 통해 우리나라 이동통신 산업을 업그레이드했다. 또한 전자정부 초석을 놓아 IT 강국으로 도약할 수 있는 발판을 마련했다는 평가를 받는다.

초고속 인터넷망 구축에 올인

DJ의 가장 큰 업적은 첫째, 인터넷 인프라 확산이다. 초고속인터넷 망 구축으로 전 국민의 컴퓨터 활용률을 극대화했다는 데 있다. 오늘날 세계에서 가장 빠른 인터넷, 스마트폰 보급률이 가장 높은 국가로 성장한 계기를 마련한 것이다. 선진국으로 도약하기 위해서는 컴퓨터·인터넷 확산이 필요하다는 것을 이미 20년 전 김대중 전 대통령이 우리에게 깨우쳐 주었다.

둘째, 명확한 비전 제시다. 국민의 정부는 '산업화는 늦었으나 정보화만큼은 앞서가자'라는 기치 아래 기업·국민·정부가 다 함께 노력한 결과다. 당시 국내 IT 산업은 수출 확대에 이은 무역수지 흑자, 투자와 고용증대, 고성장, 내수 활성화 등 외환위기 극복의 견인차 역을 담당했다.

셋째, 대한민국의 자부심 고양이다. 세계 속에 우뚝 세운 IT 산업의 성장으로 우리가 세계를 선도할 수 있다는 자신감을 심어주었다. 인터넷 이용자와 이동전화 가입자는 세계 최고 수준으로 선진국들까지 초고속망·CDMA 신화를 벤치마킹할 정도였다. 그후 여러 정부가 'IT 강국'이라 자랑했지만, 디지털 전환(DX)을 사회 전반의 디지털 혁신과 경제성장의 매개체로 활용하지 못했다.

한국경제를 발전시킨 대통령

박정희·김대중 전 대통령은 한국경제를 살리고 미래 먹거리인 제조업과 IT 산업을 일으켰다는 공통점이 있다. 박 전 대통령은 '경제개발 5개년 계획'으로 한강의 기적을, 김 전 대통령은 '정보통신 5개년 계획'으로 'IT 강국'의 초석을 만든 평가를 받고 있다.

한국은 후진국에서 개발도상국을 거쳐, 이제는 어엿한 세계 10위권의 선진국 반열에 이르렀다. 70년대 일본제철 기술을 받아와

포스코를 건설, 도시바 반도체 기술을 어깨 너머 배워 오늘날의 삼성전자를 만들었다. 미쓰비시의 기술협력을 받아 '포니' 자동차를 만든 것이 현대자동차다. 가와사끼중공업과 합작으로 선박수리 하청에서 출발한 것이 현대중공업과 현대조선이다. 일본을 따라잡으려고 반세기 이상 동안 피와 땀을 흘렸다. 이제 제조 강국 일본을 잡으려고 발버둥 쳤던 시대는 막을 내렸다. IT 시대는 한국이 일본을 앞질렀다. AI 시대 우리는 AI 산업 분야에서 미·중에 이은 3대 강국으로 도약해야 한다.

그런데 앞으로가 문제다. 한국경제는 AI 대전환 시대를 맞아 새로운 미래 먹거리를 찾지 못하고 있다. 박정희·김대중 전 대통령의 제조업·IT 산업 발전의 궤적은 AI 대통령을 꿈꾸는 지도자에게는 더할 나위 없는 교과서다.

'AI G3' 기틀을 다지는 대통령

세계에서 가장 AI를 가장 잘 쓰는 나라

이제는 인공지능(AI) 혁명 시대다. AI는 컴퓨터를 이용하여 인간의 뇌와 유사한 신경망을 구축하고 이해, 인지, 학습, 사고, 판단 등을 컴퓨터 프로그램으로 실현한 알고리즘이다. AI 시대는 누구나, 언제나, 어디서나, 손쉽게 정보를 얻고 이용할 수 있다.

AI는 이미 우리 생활 깊숙이 스며들고 있다. 우리가 미처 인식하기도 전에 경제·사회·산업·문화 등 전반에 걸쳐 혁명적 변화를 가져오고 있다. 최근에는 ChatGPT 열풍에 전 세계가 열광하고 있다. 구글의 검색 시대는 저물고 AI 챗봇 시대의 서막이 올랐다.

미래는 AI 선도국가가 지배한다. AI 시대는 한 번 뒤떨어지면 영원히 따라갈 수 없다. 현재 미국과 중국은 저만치 앞서 달려가고 있다. AI 산업 분야에서 미국과 중국에 이은 'AI G3'로 우뚝 설 기회는 아직 남아있다.

사회·산업 전반에 걸쳐 AI를 확산시킬 절호의 기회가 지금이다. 인터넷 시대 우리는 소프트 역량은 부족하더라도 국민이 IT를 활용하는 스킬이 뛰어나 IT 강국이 될 수 있었다. AI는 특별한 집단이나, 특정한 장소에서만 사용되는 것이 아니다. 어디서 누구나 사용하는 언어와 같은 성격을 가진다.

AI의 개발은 기업이 담당하고 국민은 사용자 중심에서 활용만 잘하면 된다. AI 시대 AI를 가장 잘 쓰는 나라 만들기가 국정 핵심 어젠다가 되어야 한다.

3대 개혁

정부는 노동·연금·교육 개혁을 핵심 국정과제로 내세웠다. 3대 개혁은 한국경제 발전을 위해 반드시 해야만 하는 일이다. 먼저 노동 개혁이다. 정부는 지난해 화물연대 총파업이 일어나자 업무 개시명령을 내리면서 노동 개혁의 시동을 걸었다. 정부는 양대 노총 회계장부 공개와 건설 현장 노조의 불법·폭력(건폭)행위를 강도 높게 비판하며 노조개혁에 드라이브를 걸었다. 하지만 주 69시간 근로 시간 문제에 관련 부처 간 갈지 자 행보가 MZ 세대의 공감대를 얻지 못했다. 노동 개혁은 첫 단추를 잘 못 끼웠다.

정부가 야심 차게 노동 개혁을 추진하고 있지만 노조 스스로가 개혁한다면 상황은 달라진다. 회계장부 공개 등에 대해 빨간 띠 벗은 MZ 노조는 "노조비 단 1원도 공시해야 한다"라며 노사가 상생할 수 있는 방향을 노조 활동이 나아가 길이라고 밝히고 있기 때문이다. 필자는 '민노총이 변하지 않으면 AI 시대에 사라질 수도'(2021.10.28. 중앙)에서 "AI는 세상을 통째로 변화시키고 있다. 변화에 역행한다면 민노총은 5년 이내에 사라질 수도 있다. 민노총은 글로벌 뉴 노조 패러다임을 받아들이고, MZ 세대 변화에 맞춰 탈바꿈을 서둘러야 한다"라고 지적한 바 있다.

민노총이 AI 시대에 새로운 노동운동으로 변화의 물꼬를 먼저 열어야 한다. 산업화 시대의 아날로그적 사고로는 다 죽는다. 민노총의 구호인 '세상을 바꾸자'라고 투쟁하는 동안 정작 자신을 바꾸는 데엔 소홀했다. 변화하지 않는다면 AI 혁명의 쓰나미에 휩쓸려 사라질 수 있다. 세상을 제대로 바꾸려면 자신부터 변화해야 한다.

연금 개혁은 손도 못 대고 있다. 에마뉘엘 마크롱 대통령이 강력히 밀어붙이는 연금 개혁에 프랑스가 시위로 몸살을 앓고 있다. 시위 양상도 격렬해지고 있다. 정치적 상극인 진보와 보수 진영 똑같이 반대하고 있을 정도이니 연금 개혁의 어려움을 절감한다. 남의 일이 아니다.

저출생·고령화가 심화하면서 연금 개혁을 해야 한다는 공감대는 있지만 국민 내심에는 자기가 손해 보는 것은 싫어하는 이중적 마음이 자리 잡고 있다. 그러기에 내년 총선을 앞두고 표심을 얻어야 하는 여당으로서는 밀어붙이기가 여의찮다.

지난 정권에서도 국민개혁은 인기가 없다는 이유로 임기 동안 손을 놨다. 국민연금 재정 고갈 시점이 2년 앞당겨져 2055년으로 예상된다. 문제는 청년이 일자리를 구하기 어려운 상황에서 정년 연장 카드를 꺼낼 수 없다.

월급만 빼고 모든 것이 오르는 상황에 보험료율 9%를 15%로 올리기엔 무리수가 있어 보인다. 또한 국민연금 운영 계획을 5년 단위로 마련하게 되어 있는데 사회적 합의를 끌어내기는 더욱 어렵다.

정년이 연장되고 보험료율이 오르면 기업 부담은 증가한다. 디지털 대개혁 시대에 대기업은 투자하기를 주저할 것이고 중소기업엔 상당한 악재로 작용 될 것이다.

연금 개혁을 설파할 논리는 단순 명쾌해야 한다. 미래세대에 더 이상 부담을 넘겨줘서는 안 된다는 것이다. 선거의 유불리만 따지면 연금 개혁을 할 수 없다. 대통령이라면 인기 없는 일도 해야 하고 언젠가는 해야 할 일을 떠넘기지 말아야 한다. 지도자의 결단은 후대에 평가받기 때문이다. 문제는 해결해야 할 현안이 겹겹이 쌓였는데 총력을 기울이기 어려운 상황이다. 그렇다면 교육개혁만 남는다. 그래도 성과를 낼 수 있는 것은 교육개혁뿐이다.

역대 정부의 교육개혁

우리나라는 지금까지 75년간 교육과정은 11번, 교육과정을 무력화 시키는 대학입시 정책은 15번을 개편했다. 교육 관련 제도, 교육과정, 교과서, 수업 방법은 정권마다 바뀌기에 교육과정 정책은 예측 불가능하다.

김영삼 정부는 열린 교육, 김대중 정부는 ICT 수업, 노무현 정부는 평준화 정책을 추진했다. 이명박·박근혜 보수 정부에서는 진보 교육감의 대거 등장으로 교육 담론에 대한 경쟁 구도가 확연히 드러났다.

보수 진영은 교과교실제, 학생 중심 교육과정, 자유 학기제, 창의 인성 교육 등 주로 하드웨어 개선에 초점을 두었다. 문재인 정부의 진보 교육감은 혁신학교, 배움 공동체, 학생 인권 등 학생의 자기 주도적 학습에 방점을 찍었다.

교육개혁은 국민 모두 예민하게 반응하는 정치영역이다. 역대 정부들은 교육개혁 추진에 머뭇거렸다. 다만 수사적 선언을 통해 공정성을 얻는 정도에서 항상 개혁이라고 포장했다. 그래서 대체로 역대 정부들의 교육개혁은 실패했다는 평가를 받는다.

교육 문제의 본질

지금까지 한국 교육은 교육 이해관계자들에 의해 휘둘렸다. 또한 진영 논리와 정치권력에서 벗어나지 못했다. 한마디로 정치 우산 속의 교육이었다. 그레샴의 '악화가 양화를 구축한다'라는 시장에서 좋은 화폐는 사라지고 나쁜 화폐만 쓰인다는 뜻이다. 이 법칙이 공교롭게 우리 교육에 적용되고 있다.

공교육은 사라지고 사교육이 활성화되고 있어서다. 현재의 한국 공교육은 침몰하는 타이타닉 호에 비유된다. 교육과정 시스템의 문제가 아니다. 문제의 본질은 교육을 정치의 영역에서 분리하지 못한 것이다.

정권이 바뀔 때마다 이념에 따른 진영의 입맛에 맞게 고쳐지면서 누더기 교육으로 변질한 지 오래다. 오죽하면 울릉도에 의대를 세워도 머리 터진다는 소리까지 나왔을까.

현재 한국 교육은 세계 선진 교육 흐름을 따라가지 못하고 있다. 교육 선진국은 다양한 교육 네트워크를 통해 지식과 교육 정책이 창달된다. 이해당사자와 현장 전문가에 의해 데이터가 생성되고 있다. 생산·유통·소비되는 교육 선순환 시스템이 구축되어 있다. 교육 거버넌스가 일방향 수직적 관계에서 다층적 양방향 구조로 변환되고 있다.

하지만 우리는 교육부·교육청의 일방적 독주만 있을 뿐이다. 오죽하면 "아무리 좋은 교육 정책이더라도 학교 교문 앞에서 모든 정책이 멈춰 선다"라는 말이 생겼을까. 현장에서 생산되는 지식과 정책은 발표만 하고 사라지기 일쑤다.

교육개혁의 바람직한 방향은 '뉴 교육 거버넌스 시스템'을 구축하는 것이다. 교육 분야에 생산·유통·소비를 유도하는 지식 거버넌스 관리 시스템이 필요하다. 투자에 비례해 효율이 나오는 선진 교육 시스템으로 변화해야 한다.

교육 분야의 오랜 병폐를 걷어내야 한다. 이념에 의한 둘로 나뉜 진보의 국가주의와 보수 진영의 시장주의를 극복해야 한다. 성공적인 교육개혁을 이루기 위해서는 교육 거버넌스 시스템에 대한 신뢰, 새로운 방식의 책무성, 교육격차 해소, 디지털라이제이션 역량, 전략적 사고, 장기적인 마스터플랜, 명확한 목표를 통한 비전 제시가 필요하다.

사교육 vs 공교육

지난해 사교육비에 소비된 돈이 26조 원으로 역대 최대를 기록했다. 저출생 영향으로 전체 학생 수가 감소했는데도 사교육비 시장 규모는 늘었고, 소득수준별 교육격차는 점점 심해지고 있는 양상이다. 학생 1인당 월평균 사교육비는 50만 원, 대입을 앞둔 고교 1, 2학년은 70만 원을 넘어 최고치를 찍었다. 사교육비를 대느라 학부모 허리가 휘고 있다.

사교육이 날로 번창하고 있는 이유는 교육 수요자의 다양한 교육 니즈를 충족시킬 수 있는 질 높은 교육을 공교육이 제공하지 못하고, 교육공급자인 학교 간의 경쟁이 없기 때문이다.

공교육이 다양하고 질 높은 교육을 제공하지 못하는 것은 공교육이 교육 공급을 독점하고 있기 때문이다. 독점을 유지하게 하는 대표적인 제도가 우리나라에서 평준화라고 부르는 통학구역 제도다. 통학구역 제도는 초·중등교육법 시행령 제16조에 따라 특정 지역 거주 취학 대상자가 특정한 초등학교에 가도록 지정해 놓은 구역을 지칭한다.

질 높은 다양한 교육을 제공하는 방법은 교육공급자 간 경쟁과 학부모의 선택, 그리고 이를 위한 학교 정보를 투명하게 공개하는 데 있다. 교육 수요자인 학부모와 학생이 학교를 선택할 수 있는 권리를 보장하려면 공교육 공급자인 학교 간 경쟁이 필요하다.

OECD 정책보고서에서도 이러한 점을 분명히 하고 있다. 하지만 세심한 주의가 필요하다. 예를 들어 각 학교가 제공하는 교육의 질에 대한 평가 지표의 개발과 공개는 곧 학교의 서열화를 의미하는 것이기 때문에 특별히 주의해야 한다.

학부모가 학교를 선택하는데 필요한 정보에 모든 사람이 접근할 수 있어야 하고, 특히 입학 성적에 의한 서열화가 되지 않도록 장치 또는 통제 시스템이 필요하다. 사립학교에는 학생 선발권을 주는 것도 검토해봐야 한다.

제일 큰 문제는 역대 어떤 정권도 이러한 시도를 하지 않았다는 것이다. 왜냐하면 교육 정책을 추진하는 자가 곧 공교육의 기득권자이고 정치인은 표가 되지 않는 이러한 혁신을 하려고 하지 않기 때문이다.

그래서 조심스럽게 차근차근 가능한 범위 안에서 공급자 간 경쟁을 만들어 나가는 지혜가 필요하다. 예를 들면 교육 특구 정책 등이다. 또한 공급자 간 경쟁을 학생들 입시경쟁과 혼동하거나 무

조건 나쁜 것으로 보는 국민 정서나 진보 진영의 담론을 어떻게 극복해 나갈 것인가에 대한 설득 논리를 모색해야 한다.

최근에는 AI 시대 디지털 전환과 개인 맞춤형 에듀테크 교육으로 다양하고 질 높은 교육의 가능성이 열리고 있어 그 어느 때보다 교육 혁신의 적기라는 점도 고려해야 한다.

교육개혁의 목표

윤석열 정부의 교육개혁 핵심은 초·중·고 교육의 디지털 전환이다. 교육부는 "2025년 상반기부터 디지털 교과서를, 하반기부터 AI 튜터를 도입하겠다"라고 밝혔다.

하지만 디지털 교과서와 AI 튜터 도입은 교육개혁의 실행 도구(tool)이지 미션이 되어서는 안 된다. 교육개혁의 목표는 AI 시대 미래 인재 양성이어야 한다. AI 시대 산업 현장에 필요한 전문지식과 경험, 정답이 없는 문제에 해결책을 낼 수 있는 역량, 비판적인 사고와 대안, 협업할 수 있는 인성을 갖춘 미래 AI 인재 300만 명을 육성하기 위해 무엇을 어떻게 해야 하는지에 정책 초점을 맞춰야 한다.

이미 교육 선진국에서는 초등학교부터 컴퓨팅과 코딩교육을 하고 있다. 우리 꿈나무 학생들보다 10배 이상 컴퓨팅 교육을 받는 실정이다. 초·중·고 공교육을 정상화해 AI 미래 인재를 육성해야 한다.

지금이야말로 교육개혁 성공을 위한 정책 설계를 완전히 새롭게 짜야 한다. 공교육을 받은 학생은 누구나 AI를 이해하고, 만들고 활용하도록 공교육을 정상화하는 것이 정부가 추진하는 교육개혁의 핵심이어야 한다.

예전에 늘 그랬듯이 그럴듯한 말과 발표로만 교육개혁이 되는 것이 아니다. AI 교육개혁은 2045년 대한민국이 'AI G3'에 우뚝 올라서기 위해 꼭 필요하다'라고 국민을 설득해야 한다. AI 교육 필요성에 대한 학부모의 공감대가 형성되면 AI 교육에 대한 사회 분위기는 저절로 조성된다. 이것이 교육개혁에서 가장 빠르게 성과를 낼 수 있는 지름길이다.

공교육 정상화

AI로 공교육 정상화

공교육과 사교육은 따로 논다. 굳이 말 안 해도 아는 사람은 다 안다. 공교육 정상화를 통한 사교육비 절감이 가능한 교육과정을 제공해야 한다. 30·40세대 맞벌이 부부가 사교육비 걱정 없이 아이를 안심하게 맡길 수 있는 공교육 시스템이 만들어지면 저출생의 늪에서 벗어날 수 있다.

공교육이 무너진 국가 위기라는 인식하에 종합적인 정책 설계가 새롭게 제시되지 않으면 우리나라의 장래는 어두운 터널 속에서 벗어나지 못하는 위기를 맞게 될 것이다.

세계에서 AI를 가장 잘 활용하는 대한민국 학생이 되기 위해서는 공교육에 최신 AI 기술을 활용하는 AI 교육을 전면적으로 도입해야 한다. 교육 대상은 AI 시대 대한민국의 초·중·고·대학생 전원이다. 교육 절차는 이론에 이은 실습과 프로젝트 수행이다.

AI 공교육의 목표는 쉬운 AI 배우기, 쉬운 AI 서비스 발굴, 쉬운 AI 개발이다. 쉬운 AI 배우기란 Platform을 활용하여 각 케이스를 따라 하면 누구나 쉽게 AI를 습득할 수 있다. 쉬운 AI 서비스 발굴은 케이스를 기반으로 개인, 기업, 기관에서 AI로 무엇을 할 수 있는지를 쉽게 발견하는 것을 말한다. 쉬운 AI 개발은 서비스가 발굴되면 해당 케이스를 기반으로 AI를 쉽게 개발하는 것을 뜻한다.

교육 방법은 AI Platform과 초거대 AI를 활용하는 수준별 학습이다. ChatGPT· MLOPs Platform을 이용해 AI를 이해·실습·활용이 가능하도록 구성된 사례 기반의 AI 교육 프로그램, 수준별 맞춤형 과정, 교사와 학생이 쉽게 배우는 교육 프로그램을 제공하면 된다.

AI에 사용되는 데이터의 종류는 텍스트, 음성, 이미지, 영상, 위성, 로그·수치, 바이너리다. AI가 할 수 있는 과제는 회귀(Regression), 분류((Classification), 이상 탐지(Anomaly Detection), 군집화(Clustering)다. 7가지 데이터와 4가지 AI 작업을 조합 활용하면 누구든지 자기 아이디어를 쉽고 빠르게 AI 서비스를 만들고 운영할 수 있다.

공교육에서 AI 교육과정을 이수하면 누구든지 스스로 AI로 하고자 하는 일을 정의하고 초거대 AI로 대표되는 ChatGPT를 활용하여 AI 모델 및 응용 프로그램을 직접 만들어 MLOPs를 AI Platform에서 수행할 수 있다.

학습에 의한 지역 격차와 디지털 격차를 해소할 수 있다. AI를 산업, 사회, 문화, 예술 전반에 적용하기 위해 쉽게 배우고 활용할 수 있는 AI 기술 체험 교육과정을 도입해야 한다.

AI 기술 발전으로 에듀테크를 활용한 공교육 활성화로 학교 밖 교육을 대체할 수 있다.

AI 사용자 중심 교육

AI 활용은 사용자와 개발자 중심으로 나뉜다. 먼저, 사용자 중심의 AI는 사용자의 요구와 필요에 따라 개발되는 AI를 말한다. 사용자 중심의 AI는 사용자들이 직접 사용하고 경험하면서 개발되며, 사용자들의 피드백과 요구사항을 반영하여 지속해서 발전한다.

음성인식 AI 기술은 사용자들의 다양한 억양, 발음, 언어 습관 등을 파악하여 발전한다. 사용자 중심의 AI는 사용자가 직접 경험하면서 높은 수준의 사용성과 접근성을 보장할 수 있다.

반면, 개발자 중심의 AI는 기술 개발자나 연구자들의 기술적인 노하우와 역량에 따라 개발되는 AI다. 개발자 중심의 AI는 사용자의 요구와 필요를 고려하지 않고, 개발자들이 개발하고자 하는 기술적인 문제와 해결 방법에 초점을 맞추어 개발된다.

딥러닝 알고리즘 개발은 개발자 중심의 AI에 해당한다. 개발자 중심의 AI는 개발자나 전문가에게는 높은 수준의 기술적 성능과 정확도를 제공할 수 있지만, 일반 사용자들은 사용에 어려움을 느낀다. 따라서, AI 개발에서는 사용자 중심의 AI를 개발하는 것이 중요하다. 사용자 중심의 AI를 개발하면 사용자들의 요구와 필요에 적절하게 대응할 수 있고, 더 높은 사용성과 접근성을 제공할 수 있기 때문이다.

이를 위해서는 사용자와의 소통과 피드백을 지속해 수집하고 반영하여 AI를 개발하고, 사용자의 다양한 요구와 필요에 대응할 수 있는 인터페이스와 기능을 제공해야 한다.

결론적으로 사용자 중심으로 다양하게 활용할 수 있는 AI 교육과정을 공교육에 도입해야 한다. 공교육 정상화를 통한 사교육비 절감이 가능한 미래 인재 양성 시스템을 갖추기 위해서다. 공교육을 정상화하고 미래 인재 양성의 기틀을 다지는 정책이 채택되기를 기대한다.

공교육에 AI를 적용

우리나라는 인터넷 혁명 시대에 소프트웨어 역량이 부족했지만 인터넷 활용에 집중해 'IT 강국'으로 도약할 수 있었다. 마찬가지로 AI 기술의 급격한 발전이 되는 상황에서도 이를 잘 활용하면 AI 기술의 발전을 따라잡아 'AI G3'로 도약이 가능하다. 그렇다면 AI 학습을 어떻게 해야 할까?

첫째, 맞춤형 학습이다. AI는 학생들의 학습 수준에 맞춰 맞춤형 학습 콘텐츠를 제공한다. 학생들의 학습 패턴과 성취도를 분석하여, 각 학생에게 최적화된 학습 환경을 제공하고 보다 개별적인 학습 지원을 한다.

둘째, 자동화된 평가다. AI는 학생들의 과제나 시험지를 자동으로 채점할 수 있다. 이를 통해 교사들은 평가 작업에 더 많은 시간을 투자할 필요 없이 학생들에게 더 많은 개별적인 피드백을 제공한다.

셋째, 학습 자료 제공이다. AI는 학생들이 필요한 학습 자료를 추천해 줄 수 있다. 학생들의 학습 수준과 성향에 맞춰서 도서, 비디오, 인터넷 자료 등을 추천하고, 학생들이 더 효과적인 학습을 할 수 있도록 도움을 준다.

넷째, 학습 분석이다. AI는 학습 분석을 수행할 수 있다. 학생들의 학습 패턴과 학습 결과를 분석하여, 교사들이 더 효과적인 교육 방법을 제공한다.

이러한 방식으로 AI 기술을 활용하면 학생들의 학습 효율을 높일 수 있고, 교사들은 더 개별적인 학습 지원을 한다. 또한, 이러한 방식은 학생들이 지식을 습득하고, 자기 주도적인 학습을 할 수 있는 능력을 개발하는 데도 도움을 준다.

그렇다면 단계별 AI 맞춤형 교육을 어떻게 해야 할까?

첫째, 초급 수준이다. 이론적인 개념과 자동화에 초점을 둔 교육으로 개념과 절차를 시각적으로 익히고 호기심을 자극하는 단계를 말한다. 메타버스에서 AI 튜터가 컴퓨터와 인간의 공부법을 비교하면서 이론을 강의한다. 아바타와 대화하는 형식으로 진행하고 실습할 수 있다.

둘째, 중급 수준이다. 절차에 대한 상세한 이해와 코드 변경 수준까지 학습하여 AI로 나의 문제를 해결하는 레벨이다. 자동화 도구가 만들어 준 코드에 대해 이해하고, 코드 변경이 가능하다. 나의 과제를 직접 해결해 보는 실습 위주다.

셋째, 고급 수준이다. 고급자 교육은 현장 데이터를 이용한 파인튜닝(Fine Tuning) 기술 활용이다. 다양한 사례를 이용하고 실습한다. 사례를 벗어난 문제를 정의하고 해결하며 나만의 새로운 것을 만든다.

넷째, 완성 단계다. 직접 AI 서비스를 찾고 구현해 보며 현장 데이터를 활용해 실제 사용에 적용하는 과정이다. 다양한 사례를 통해 사례 중심의 교육으로 구성된다. 또한 초거대 AI로 만들어진 프로그램을 안정적으로 수행 관리하고 자동화와 사람의 협업을 통해 AI 개발의 전 과정을 체험 학습할 수 있다.

최종적으로, 개인과 우리에게 필요한 AI 서비스를 발굴하고, 개발하여 사용할 수 있도록 하는 것을 학습 목표로 한다. 중요한 것은 AI 교육은 이론을 배우고 실습을 통해 만들어보며 사용하는 것까지 포괄해야 한다. 이를 Learn→Make→Use라는 관점에서 접근해야 한다. 완성 단계 레벨이면 창업할 수 있다.

예산은 총 500억 원이 소요된다. 구체적으로 강사 10만 명 양성에 300억 원, 시스템 개발 및 도입에 200억 원이다. 현장 조사와 예산편성, 선도학교 선정, 학교 전면 적용의 단계를 거치면 빠르면 올해 9월에 적용할 수 있다.

AI 교육은 학생들의 개별적인 수준과 성향에 맞춰 학습을 진행하며, 더 효과적인 학습 지원이 가능하다. 학생들의 문제해결 능력, 창의력, 협업 능력, 자기주도학습 능력 등을 개발할 수 있다.

학생들에게 더 많은 자율성을 부여하면서도 교사들은 더 개별적인 학습 지원을 제공할 수 있어 효율적인 교육이 가능해진다.

고등학교 수준에서는 AI를 활용한 딥러닝, 자연어처리, 이미지 인식 등의 기술을 학습할 수 있다. 이를 통해 학생들은 AI의 기술과 원리에 대한 이해를 높일 수 있으며, AI를 활용한 다양한 분야에서의 직업 경쟁력을 갖출 수 있다.

AI를 활용한 교육의 중요한 부분은 학생들의 개인 정보 보호와 안전이다. 이를 위해서는 교사들과 학교 측에서 적절한 보안 시스템과 교육 프로그램을 제공하여 학생들의 개인정보를 안전하게 보호해야 한다. 또한, AI의 한계와 약점, AI를 올바르게 활용하는 방법을 가르쳐야 한다.

교육개혁 성과

교육개혁 성공의 핵심은 AI 기술을 활용한 공교육 정상화에 달려 있다. 공교육에 AI 실제 체험 과정을 전면 도입하면 어떤 성과를 낼 수 있을까.

첫째, 일자리 창출이다. 20·30세대가 가장 원하는 것은 양질의 좋은 일자리다. 공교육에 전면 도입하려면 AI 강사와 보조강사가 필수다. 강사의 수준은 초·중·고 학생들에게 AI 이론과 실습을 가르칠 수 있으면 된다. 온라인 AI 강사 프로그램으로 6개월 만에 100만 명의 양질의 일자리 창출이 가능하다. 그렇게 되면 20·30

세대는 어떤 반응을 보일까.

둘째, 공교육의 정상화다. 미래 학습은 인공지능 대전환 사회에 생존하는 법을 배워야 한다. 대학입시에서 공교육이 사교육보다 경쟁력이 떨어지기 때문이다. AI 이해, 체험, 생성하는 교육 이수에 따른 자격증을 발급하고 인센티브를 주는 방안도 검토해야 한다.

셋째, 경제성장이다. 인재 양성과 경제성장은 밀접한 연관이 있다. AI 시대 글로벌 경쟁에서 생존하려면 독자적인 기술로 승부를 내야 한다. 미래 먹거리를 선점하기 위해서는 미래 인재가 필요하다. 미래 인재가 많아야 한국경제가 지속적 성장이 가능하기 때문이다. 미래 인재의 기본적 요소는 AI를 잘 활용하는 것이다.

넷째, 산업 활성화다. 현재 국내의 ICT 산업 분야의 화두는 '초거대 인공지능'(Hyper-scale AI)이다. 데이터 분석과 학습을 뛰어넘어 사람의 뇌처럼 스스로 추론하고 창작할 수 있도록 방대한 데이터와 파라미터를 활용하는 AI 모델 개발은 미래 먹거리이며 블루오션이다. ChatGPT가 초거대 AI의 대표적이다.

다섯째, 스타트업 코리아 실현이다. 예나 지금이나 군 복무는 부모나 젊은 남성들의 큰 고민이다. 국방 의무를 다하는 것은 찬성하지만, 그로 인해 발생하는 사회생활 단절은 개인적으로 손해라는 인식이 저변에 깔려있다. '전역 시 주특기로 AI 전문가 제도' 시스템 구축을 제안한다.

이스라엘은 군 경험이 창업으로 이어지고 있다. 군대가 일종의 창업기지 역할을 하고 있다. 초등학교에서부터 군까지 AI를 완벽

하게 배운다면 전역 후 창업으로 '스타트업 AI 코리아2030' 붐이 조성되어 지속적 경제성장이 가능하다. 지금부터 20년간 공교육에서 AI를 누구나 배우고 만들고 활용하는 AI 미래 인재 300만 명을 양성하면 'AI G3'로 도약할 수 있다.

'2045년 AI G3' 도약

산업화 시대인 1970년대 우수한 학생들이 공대로 지원하여 오늘의 반도체, 디스플레이, 자동차 등 ICT 산업이 글로벌 경쟁력을 갖게 된 원동력이었다. 최근에는 성적 우수자들은 법대·의대에 몰리고 있다.

미래 산업인 AI, 바이오, 양자, 우주 등 과학기술 인재가 필요한 데 큰일이다. AI 시대를 대비한 미래 인재 양성이 절실하다. 지금까지 한국경제의 성공 신화를 쓴 주역은 제조업·ICT 산업이며 그 핵심은 인재에 있었다.

전 세계가 ChatGPT 열풍에 휩싸인 지금이야말로 한국으로선 절호의 기회다. 광복 100주년인 2045년에 'AI 대국'으로 세계 속에 우뚝 서면 'AI G3' 도약이 가능하다.

그렇다면 어떻게 해야 할까.

첫째, AI 인재 양성 및 연구 개발 지원이다. AI 인재를 육성하고, 국내 AI 기업과 대학, 연구기관 등이 협력하여 AI 연구 개발에 적극적으로 참여할 수 있도록 지원을 강화해야 한다.

둘째, AI 산업 육성이다. AI 산업 분야에 대한 투자를 확대하고, 인프라 구축을 강화하여 AI 산업에서 선도적인 역할을 할 수 있도록 투자를 선택하고 집중해야 한다.

셋째, 데이터 및 개인정보 보호 강화다. AI를 활용한 새로운 서비스 및 기술을 개발하면서, 데이터 및 개인정보 보호를 강화해야 한다. 이를 위해 적극적인 법제도 개선과 보안 기술 개발이 필요하다.

넷째, 글로벌 네트워크 확장이나. 국내 AI 산업 기업들이 글로벌 시장에 진출할 수 있도록 적극적인 지원과 유연한 제도가 필요하다. 또한 국내 AI 산업 기업과 글로벌 AI 산업 기업 간의 협력을 적극적으로 유도해야 한다.

다섯째, 공공데이터 개방이다. 공공데이터를 개방하여 AI 분야에 활용할 수 있도록 지원해야 한다. 공공 기관에서 수집한 데이터를 개방하고, 이를 활용한 새로운 서비스 및 기술 개발을 적극적으로 유도해야 한다.

마지막으로 AI 윤리와 안전성 강화다. AI 기술의 안전성과 윤리적 문제에 관한 연구와 교육이 필요하다. 이를 통해 AI 기술의 발전이 사회적으로 수용이 가능한 범위 내에서 이루어지도록 한다. 이러한 정책들을 통해 교육개혁이 추진되어야 한다.

미·중이 AI 산업에 총력전을 펼치면서 국가대항전을 벌이고 있는데 한국은 진영논리를 앞세워 정쟁에 몰두해 손을 놓고 있는 안타까운 상황이다. 정치개혁에 AI를 활용하는 것을 제안한다.

강한 AI 산업이 강한 경제를 만든다. 'AI G3' 도약의 핵심은 미래 인적자원과 정부 규제 인프라 구축에 있다. 산업화 시대는 경부고속도로, 인터넷 시대는 인터넷 고속도로를 깔았다. 경부고속도로 및 정보 고속도로를 통해 한국경제는 눈부시게 발전했다. 이제는 AI 시대다. AI 고속도로 건설에 전력을 쏟아야 미래가 있다. AI 고속도로 구축은 미래세대의 희망이며 일거리다.

산업화 시대 한강의 기적을 이끈 박정희 전 대통령, 인터넷 혁명을 물결에 올라타 'IT 강국'의 길을 개척한 김대중 전 대통령의 업적은 역사적 의미가 있다. AI 혁명 시대 'AI G3' 도약을 위한 'AI 대국'의 초석을 다지는 성공한 대통령을 보고 싶다.

5. 랜섬웨어 공격에 학교가 위험하다

랜섬웨어 대응 솔루션 도입

근거
○ 정부 사이버 보안 정책 시행
○ 국가정보원 랜섬웨어 보안 대책 강화 권고, 정보보안 관리실태
　평가

목적
○ 학교 현장 PC 해킹에 대한 보호
○ 학생·교직원의 데이터가 안전하게 유지되도록 전략적 방어 체
　계 구축

상황
○ 학교는 해커들 사이 인기 높은 표적, 정보 유출 대한 인기와 가
　치가 높음
○ 보안이 허술하고 수많은 정보를 저장하고 있어 뚫기 쉬운 공
　격 상대

○ 영·미 학교 다수의 랜섬웨어 공격, 한국 최근 고2 연합학력 유출 사고

랜섬웨어

○ 사용자 PC 장악 암호화 후 금품 요구, 악성 컴퓨터 바이러스
○ 감염 PC는 물론 감염된 기기와 통신할 수 있는 모든 기기까지 영향 미침

효과

○ 정보유출 방지, 보안 효율성 증대
○ 비인가 프로세스에 의한 잠재적 노출 원천 차단
○ 학교 현장 PC와 시스템에 대한 신뢰성 및 보안 안정성 확보

예산, 추진

○ PC 대수로 가격을 책정, 운영 중 PC가 20만 대면 약 150억 원 필요
○ 2023년 6월부터 각 지역교육지원청 단위 선제적 도입 운영 후 확대

해커들 사이에서 인기 높은 표적은 학교다. 학교는 보안이 허술하면서도 수많은 정보를 저장하고 있어 뚫기 쉬운 공격 표적으로 인기와 가치가 모두 높기 때문이다.

최근 수년 동안 학교는 잦은 랜섬웨어 위협 공격의 표적이 되고 있다. 랜섬웨어 위협 공격 증가에 대해 학교는 데이터를 안전하게 유지되도록 전략적 방어 체계 구축이 시급하다.

지난해 11월 미국의 미시간주 공립학교 두 곳은 랜섬웨어 공격을 받아 학교 운영 시스템이 완전히 마비되었다. 올해 1월 영국의 교육기관 14곳이 랜섬웨어 공격을 받아 학생·교직원의 정보와 학교 운영 관련 민감한 정보가 대량 유출되는 사고가 발생했다. 우리나라도 지난 2월 2022학년도 11월 고2 전국연합학력평가 성적이 유출되는 사고를 겪었다.

랜섬웨어(Ransom-ware)는 사용자의 PC를 장악해 데이터를 암호화한 다음 정상적인 작동을 위한 대가로 금품을 요구하는 악성 컴퓨터 바이러스다. 파일·문서·이미지 등 학교에서 높은 가치가 있는 데이터를 암호화한 후에 접속 권한을 되찾고 싶으면 랜섬(몸값, 배상금)을 지급하라고 요구하는 일종의 맬웨어(Malware)다.

맬웨어는 악성 소프트웨어로서 사용자의 이익을 침해하는 모든 소프트웨어를 포함한다. 맬웨어는 단순한 컴퓨터 웜, 트로이목마에서 복잡한 형태의 바이러스에 이르는 모든 것을 포괄한다. 맬웨어는 감염된 PC는 물론 감염된 기기와 통신할 수 있는 모든 기기까지 영향을 미친다.

현재 교육 현장의 상황은 PC 보안을 위하여 시점복원 솔루션, 데이터 보안을 위해 PC 내에 데이터 유지를 최소화하고 있는 것이 현실이다. 하지만 해커들은 짧아지는 데이터의 체류시간 중에 유의미한 효과를 발휘하기 위하여 실시간으로 데이터 유출을 시도하고 있다.

문서 등의 데이터가 보관되지 않더라도 생성 및 수정, 다운로드 등의 작업이 수행되는 시점에서부터 데이터의 유출이 발생한다. 그렇기 때문에 현재 알려진 공격 패턴을 차단하는 방식의 솔루션이 아닌 원천적으로 데이터를 보호할 수 있는 보안 솔루션이 절실하다.

대부분 PC에는 기존의 보안 솔루션이 설치되어 있으나, 알려진 악성코드에 대응하고 치료하는 방식으로 고도화, 지능화되고 있는 변종 악성코드인 랜섬웨어를 차단하는 데 한계가 있어 랜섬웨어 대응 솔루션이 필요하다. 일선 학교 현장에 랜섬웨어 대응 솔루션 도입의 필요성은 무엇일까?

첫째, 정보 유출 방지다. 랜섬웨어에 의한 파일 암호화를 방지하고 주요 데이터 파일 유출을 사전에 차단하기 위해서다.

둘째, 비인가 프로세스에 의한 잠재적 노출 방지다. 비인가 프로세스의 접근 차단으로 신·변종 랜섬웨어에 대응하기 위해서다. 안전이 검증된 프로세스만 접근을 허용한다.

셋째, 진화 발전된 랜섬웨어의 차단이다. 최근 랜섬웨어 공격 추세가 데이터 유출에 초점이 맞추어져 있다. 향후 어떻게 변할지 모르는 랜섬웨어 악성 공격에 선제적 대비가 요구된다. 이를 위해

유출 및 암호화 과정을 모두 방어할 수 있는 '접근 사전 차단' 랜섬웨어 대응 솔루션이 필요하다.

넷째, 국가정보원의 랜섬웨어 보안 대책 강화 권고다. 최근 국가정보원은 "정보보안 관리실태 평가 지표"에 랜섬웨어 방지를 위한 보완 항목을 추가하는 보안 강화 대책을 권고하고 나섰다. 국가정보원의 경영평가지표 '정보보안 관리실태 평가'에도 대비하여야 한다.

랜섬웨어 도입 효과는 무엇일까?

첫째, 정보 유출 방지다. 랜섬웨어에 의한 파일 암호화 방지 효과가 있다. 기밀 데이터 도난 및 도용을 막는다. 랜섬웨어 감염으로 인한 학교 평판 리스크와 데이터 암호화 및 유출에 따른 경제적 손실을 방지한다.

둘째, 보안 효율성 증대다. 내부 보안 강화로 보안 효율성이 증가해 악성코드가 아니더라도 비인가 프로세스의 잠재적 위험 노출을 원천적으로 차단한다.

셋째, 보안 이슈에 대한 방어 및 대응능력 향상이다. 알려지지 않은 악성코드에 사전 대응은 보안 이슈에 대한 사전 대응과 같은 효과를 발휘한다.

넷째, 신뢰성 및 안정성 확보다. 중단 없는 안정적인 시스템 운용 추진으로 보안 운용에 대한 신뢰도가 높아진다.

그렇다면 학교에서는 어떤 랜섬웨어 대응 솔루션을 도입·활용해야 할까?

첫째, 솔루션 방식이다. 최근 세계 보안의 최대 화두는 '제로 트러스트' 방식이다. 신뢰할 수 있는 것만을 허용한다는 내용으로 미국의 바이든 정부와 한국 정부에서도 부각하고 있는 보안 기술이다. 이러한 기반과 방식을 통한 암호화 유출 등의 모든 악성 행위를 차단하고 대응하여야 한다. 제로트러스트 정책에 가장 근접한 방식인 화이트리스트 보안 기술로 블랙리스트 방식인 백신과 시너지를 극대화하여야 한다.

둘째, 차단 조치다. 랜섬웨어의 데이터 접근을 사전에 차단만이 공격 형태와 관계없이 데이터를 보호해야 하기 때문이다. 랜섬웨어 공격 방법인 데이터 유출 방어가 가능하여야 한다. 비 선정 제품은 암호화 과정을 차단하므로 데이터 유출에 취약할 수 있다.

셋째, 오탐이다. 인가된 프로세스만 허용하기에 오탐과 무관해야 한다. 왜냐하면 정상적인 암호화 경우도 오탐이 일어날 확률이 존재하기 때문이다.

넷째, 관리 서버 스펙이다. 대시보드 제공이 가능하고 정책 실시간 반영이 되어야 한다. 이를 위해 다양한 감시기록과 관리 서버에 대해 접근 통제 기능이 있어야 한다.

다섯째, 에이전트다. 데이터 암호화 차단, 접근 사전 차단, 유출 대응, 신·변종 랜섬웨어 차단, 자체 보호 기능, 에이전트 삭제 방지 기능 등을 국가정보원에서 검증을 통과하여야 확인서를 발급받을 수 있다. 최고의 요구사항을 통과한 제품에는 5년 기한의 보안 기능 확인서가 발급된다. 국가정보원 보안 기능 확인서가 반드시 있어야 한다.

마지막으로 예산 및 추진이다. 예산은 운영 중인 PC 대수로 가격이 책정한다면 운영 중인 PC가 20만 대라면 약 150억 원이 필요할 것이다. 일단 교육청과 지역교육지원청 단위로 도입 활용 후 점차 학교로 확산하는 방안과 전격적으로 일정 지역을 도입 운영하는 방법이 있다.

한 번의 랜섬웨어 공격이 교육 현장 전반에 막대한 피해를 줄 수 있다는 사실을 간과할 수 없다. 이를 위해 랜섬웨어 대응 솔루션 도입으로 학생·교직원들이 안심하는 교육환경이 어느 때보다도 요구된다. (2023.04.09. 네이버 블로그)

6. ChatGPT 시대의 교육개혁

ChatGPT가 몰고 온 미래교육 혁명
(교육현장 ChatGPT 활용 교수법 프로젝트)

상황 : AI ChatGPT 시대 미래교육 혁명, 에듀테크 방향 제시

○ 교육 현장에 ChatGPT 활용, 교수법 혁명적 변화를 몰고 옴

화두 : 광복 100주기 '2045년 AI G3' 도약의 첫 단추

○ 교육개혁 : ChatGPT가 미래에 어떤 영향을 미치며 어떻게 활용할 것인가?

○ 교수법 : ChatGPT가 교수법을 향상하는 데 어떻게 기여할 것인가?

○ 학습법 : 맞춤형 학습을 위해 ChatGPT를 어떻게 활용해야 할 것인가?

활용 : ChatGPT 잘 활용, 무엇을 어떻게 가르칠 것인가?

○ 교사 : ChatGPT 활용 어떻게 가르칠 것인가? 대화, Q&A, 과

제 풀기 등

○ 학생 : ChatGPT 활용 어떻게 학습할 것인가? 질문·문제 풀기, 실험 등

○ 학습 : ChatGPT 활용 맞춤형 학습을 어떻게 할까? 개념, 연습 문제 등

○ 숙제 : ChatGPT 활용 숙제 무엇을 다루어야 하나? 정의, 검토, 피드백 등

○ 보조 : ChatGPT가 보조적 역할 어떻게 할까? AI 보조 튜터·학습 보조 가능

조건 : 'ChatGPT 교육 시대' 갖추어야 할 역량

○ 학생 : 학습 능력 향상 활용해야지, 학습 대안으로 사용하지 않도록 주의

○ 교사 : ChatGPT가 제시한 대답에 오류·문제 있음을 지적하고 가짜 확인

○ 기본 : AI와 자연어처리에 대한 기본적 컴퓨터 및 소프트웨어 활용 능력

○ 창의 : 문제 정확하게 파악, 적절한 해결책 도출하는 창의 문제 해결 능력

○ 역량 : 디지털 리터러시·자기 주도적 학습·비판적 사고·협업 역량

예산·추진 : 교육개혁 성공을 위해 'ChatGPT 교실학습' 지금 적용

○ ChatGPT 전문교사 교육 및 수당 책정, 10만 명×100만 원
=1,000억 원
○ 2023년 6월부터 교육청 단위 선제적 도입 운영 후 확대

ChatGPT 활용 교육·학습 대전환

현황

○ 변화 : Before ChatGPT vs After ChatGPT
○ 교육 : 산업화 시대 경제발전 이끌고 선진국 진입의 견인차 역
맡음
○ 현황 : 글로벌 경쟁 뒤떨어진 교육 시스템. G7 경제 규모 맞지
않음

과제

○ 체계 : 낡고 낡은 70여 년 넘은 교육, ChatGPT 시대 교육 체
계 전환
○ 핵심 : ChatGPT 시대 어떻게 교육개혁 할 것인가?

핵심

○ 분류 : AI와 경쟁시키는 교육, AI를 터득하는 교육, AI를 활용
하는 교육
○ 전환 : 지식을 밀어 넣고 담는 교육에서 창의적 공간을 마련해

주는 교육

○ 경쟁 : 질 높은 교육 서비스 제공. 경쟁과 서열 넘어 협력과 공정으로

○ 행복 : 교육의 목적은 학생 모두 행복한 삶을 살도록 교육하는 것

○ 중심 : 가르치는 교사 중심 → 학습자 중심의 맞춤형 배움으로 초점 이동

교사

○ 역량 : 창의적 문제해결력, 자기 주도성, 디지털 능력, AI 리터러시

○ 역할 : ChatGPT 표방+AI 가르치는+ChatGPT 활용+AI 협력 =교사

○ 국정 : 학생의 미래와 사교육비 고통받는 학부모를 위해 교육 개혁 성공

○ 성패 : 2023년 하반기에 ChatGPT 어떻게 교육 현장에 적용하느냐 관건

예산

○ 예산 : ChatGPT 전문 강사 양성 30만 명×100만 원=3,000억 원 소요

○ 추진 : 2023년 6월부터 교육청 단위 선제적 도입 운영 후 확대

ChatGPT 시대의 교육개혁

ChatGPT 열풍이 거세다. ChatGPT(Generative Pre-Tranied Transformer)를 번역하면 사전 훈련된 생성 변환기다. 생성이란 질문에 답을 만들어 낸다는 뜻이고, 변환기란 입력한 문장 속의 단어를 순차적으로 맥락에 맞게 배열해 학습하는 신경망이라는 의미를 지니고 있다.

초거대 생성형 AI ChatGPT가 전 세계 교육계에 큰 파문을 불러오고 있다. ChatGPT 충격파가 가장 빠르게 나타나고 영향을 고스란히 받는 곳은 교육 현장이다. 문제는 G7 경제 규모에 걸맞지 않은 우리의 후진적 교육 시스템을 ChatGPT 시대에 어떻게 개혁할 것인가 여부다.

우리의 대학 수준은 어떠한가. 영국의 대학평가 기관인 QS가 2023년 세계 1,500여 개의 대학 순위를 매기고 있는데 100위권 대학에 6개의 한국 대학교가 포함되어 있다. 이에 반해 싱가포르 국립대학교, 베이징대, 칭화대는 10위권 초반에 올라와 있다.

한국 교육 시스템은 산업화 시대의 경제발전을 이끌고 선진국으로 진입하는 데 견인차 역을 했다. AI ChatGPT 시대는 과거의 교육 체제는 더 이상 맞지 않는다. 이젠 그 역할이 끝났다고 선언하고 교육개혁에 나서야 할 시점이다.

낡고 낡은 70년이 넘은 교육 체계를 AI 시대에 어울리는 ChatGPT를 활용한 창의적이고 맞춤형 교육이 가능한 교육 시스템으로 전환해야 한다. 필자는 교육 패러다임이 ChatGPT 이전과 이후로 나뉜다고 단언한다.

Before ChatGPT 시대는 AI를 활용하는 방식이 주로 에듀테크 학습을 통한 개인화와 학습 효율화가 주된 화두였다. AI 등장으로 학습자에게 다양한 어플리케이션을 통해 맞춤형 학습 내용을 더 빠르고 효과적으로 서비스할 수 있게 되었다.

디지털 기기와 어플리케이션 보급이 교사를 대체하고 교육행정을 자동화하는 움직임은 매우 빠르게 진행되고 있다. 하지만 이는 ChatGPT와 같은 생성형 AI를 적극적으로 활용한 것과는 거리가 있다.

After ChatGPT 시대에 교육 현장이 어떻게 혁신할지 정확히 예측하기가 어렵다. 교육 선진국인 미국 대학들은 학과별로 ChatGPT에 대한 대응 방안을 마련하기 위해 ChatGPT 관련 특별 위원회를 조직해서 의견을 수렴하고 나름의 내부 정책을 수립 대응에 나서고 있다.

그 핵심은 놀랍게도 ChatGPT의 활용을 전면적으로 허용하는 것이다. 다만 미국 뉴욕주 교육 당국은 K12 학교에서 ChatGPT의 활용을 금지했다. 하지만 생성형 AI 발전 속도를 보건대 결국 교육 현장에서 ChatGPT를 마냥 금지하기 어려울 거로 보는 게 일반적 견해다.

AI ChatGPT 시대 교육은 3가지로 나뉜다. 굉장히 정형화된 문제 유형을 개발하여 문제해결 능력을 시험하고 양성하는 AI와 지식을 경쟁시키는 교육, 코딩과 교육 AI 전문가 육성 과정인 AI를 터득하는 교육, AI를 활용하는 교육으로 분류된다.

교육부는 교육개혁의 하나로 학생·가정·지역·산업 맞춤의 4대 분야를 설정했다. 또한 10대 핵심 정책으로 디지털 기반 교육 혁신, 학교 교육력 제고, 첨단 분야 인재 육성, 교육개혁 입법 추진, 돌봄 하교 운영 도입, 디지털 교과서 플랫폼 도입 추진 등을 추진하겠다고 발표했다.

개별 맞춤형 교육을 통해 사회가 필요로 하는 미래 산업의 인재 양성에 집중하겠다는 것이나, ChatGPT 시대에 과연 맞는 방향인지 재점검이 필요하다고 필자는 생각한다. AI와 공존하기 위해서는 지식을 담는 교육에서 창의적 생각의 공간을 마련해주는 교육으로 재편할 필요가 있다.

그렇다면 ChatGPT 시대의 교육개혁은 어디에 방점을 찍어야 할까?

첫째, 행복이 우선이다. 학생들은 과도한 입시경쟁과 성적 압박 때문에 행복을 느끼지 못하는 실정이다. 교육의 목적은 학생들 모두 행복한 삶을 살 수 있도록 교육하는 것이어야 한다. 초중고 학습은 토론과 인성 교육에 중점을 두어야 한다.

둘째, 경쟁 교육 체계의 변화가 시급하다. 학교 교육을 경쟁과 평가로 바라보는 관점에서 벗어나야 한다. 평가는 학생들을 서열화하는 도구가 되면 안 될 것이다. 경쟁은 대학 입학 후 제대로 공부하면서 세계 대학과 하는 것이다. 질 높은 교육을 제공하려면 경쟁과 서열을 넘어 협력과 공정으로 나아가야 한다.

셋째, 교사의 역량 강화다. AI ChatGPT 시대 교사는 창의적 문제 해결력, 자기 주도성, 디지털 역량을 갖추고 인성이 절대적인 요소다. ChatGPT 성능을 표방하는 교사, AI에 대해 가르치는 교사, ChatGPT를 다양한 주제에 활용하는 교사, AI와 협력하는 교사로 나눌 수 있다. 미래 교사는 4가지 다른 패러다임 모두에 적응할 수 있는 역량이 필요하다.

넷째, 학습자 중심 교육이다. 지금까지의 교육은 교사 중심의 가르치는 것에 중점 두었다면, 앞으로는 학습자 중심의 맞춤형 배움으로 이동해야 한다. 학습자 중심의 주체 요소는 발견학습, 프로젝트 학습, 체험학습, 협력 학습, 토의 수업이다.

암기식 위주 교육으로 경쟁력을 잃어가는 학생들의 미래와 사교육비 부담으로 고통받는 학부모들을 위해서라도 AI ChatGPT 시대 교육개혁은 반드시 성공해야 한다. 교육개혁 성패는 2023년 하반기에 어떻게 하느냐에 달렸다.

7. 정책구매제 성공의 조건

Q. 정책구매제를 효율적으로 운영하려면?

【ChatGPT】
명확한 목표 설정

정책구매제의 목표를 분명히 설정하여 관련된 모든 이해관계자가 이해할 수 있도록 해야 한다. 이는 정책구매제가 예상한 결과를 달성하는 데 도움이 된다.

데이터 분석

정책구매제의 성공 여부를 평가하고 개선할 수 있도록 다양한 데이터를 수집하고 분석해야 한다. 이를 통해 정책구매제의 효과와 문제점을 파악할 수 있다.

투명성 확보

정책구매제의 프로세스와 기준을 명확하게 공개하고, 관련 정보를 쉽게 접근할 수 있도록 해야 한다. 이는 참여자들의 신뢰를 높이고, 정책구매제의 효율성을 높일 수 있다.

인센티브 제공

참여자들에게 충분한 인센티브를 제공하여 정책구매제의 효과를 높일 수 있다. 이는 참여자들이 적극적으로 정책구매제에 참여하도록 독려할 것이다.

지속적인 모니터링 및 개선

성과를 지속해 모니터링하고, 필요한 경우 개선 조치를 적시에 취해야 한다. 이를 통해 정책구매제의 효과를 극대화할 수 있다.

범부처 협력 강화

효과를 높이기 위해 관련 부처 간 협력을 강화해야 한다. 이는 정책구매제의 실행과 관리를 원활하게 하여 효율성을 높일 것이다.

교육 및 홍보

교육과 홍보를 적극적으로 실시하여, 이해관계자들이 정책구매제의 목표와 방법을 이해하고 적극적으로 참여할 수 있도록 도와야 한다.

최적화된 기술 활용

최신 기술을 활용하여 정책구매제의 프로세스를 최적화하고, 관련 데이터를 효율적으로 관리할 수 있도록 해야 한다. 이는 정책구매제의 운영 효율성을 높이는 데 도움이 된다.

이해관계자 참여 확대

다양한 이해관계자들의 의견을 수렴하고 참여를 확대해야 한다. 이를 통해 정책구매제가 더 효과적이고 다양한 관점에서 검토될 수 있다.

평가 및 피드백 시스템 구축

성공 여부를 지속해 평가하고, 이를 통해 피드백을 제공하는 시스템을 구축해야 한다. 이를 통해 정책구매제의 개선점을 발견하고 적절한 조처할 수 있다.

법령 및 제도 개선

법령 및 제도적 측면에서의 개선이 필요하다. 이는 정책구매제의 운영을 원활하게 하고, 참여자들의 권익을 보호할 수 있도록 도와준다.

국제 협력 강화

해외의 선진 사례를 참고하거나 국제 협력을 통해 정책구매제의 운영 능력을 향상할 수 있다. 이를 통해 정책구매제의 성과를 극대화할 수 있다.

이러한 방법들을 종합적으로 고려하여 정책구매제를 효율적으로 운영하면, 기대하는 성과를 얻을 수 있을 것이다. 이는 정책구매제가 국가의 발전과 국민의 삶의 질 향상에 이바지하는 데 도움이 된다. (2023.04.21. 정책구매제 토론회 발언)

8. 모두의 맞춤형 교육을 위한
AI 디지털 교과서 개발

Q. 맞춤형 교육을 위한 AI 기반 디지털 교과서란?

【ChatGPT】

인공지능 기반 디지털 교과서는 인공지능(AI)을 활용해 학생 개개인에게 개인화된 학습 경험을 제공하는 교육 기술의 일종이다. 이러한 디지털 교과서는 각 개인의 학습 스타일, 선호도 및 속도에 적응할 수 있으며 대화형 그래픽, 비디오, 퀴즈 및 실시간 피드백과 같은 기능을 포함할 수 있다. 이러한 접근 방식을 통해 AI 기반 디지털 교과서는 학생들에게 맞춤형 학습 경험을 제공하여 학습 과정에 참여하면서 주제에 대한 더 깊은 이해를 얻을 수 있도록 돕는다.

적응형 학습 알고리즘

학생의 학습 스타일, 속도 및 성과를 분석하고 그에 따라 교과서 내용을 조정할 수 있는 AI 알고리즘을 개발한다.

대화형 멀티미디어 콘텐츠

학생들이 개념을 더 잘 이해하고 자료에 참여하는 데 도움이 되는 대화형 비디오, 그래픽, 애니메이션 및 시뮬레이션을 포함한다.

게임화

포인트, 배지, 리더보드와 같은 게임과 같은 요소를 통합하여 학습 동기를 부여하고 진행 상황을 추적한다.

실시간 피드백 및 평가

학생들에게 학습 진행 상황에 대한 실시간 피드백을 제공하고 개인화된 평가를 제공하여 강점과 약점을 식별하는 데 도움을 준다.

개인화된 추천

AI 기반 추천 엔진을 사용하여 학습 기록 및 선호도에 따라 학생들이 흥미롭거나 유용하다고 생각할 수 있는 추가 자료를 제안한다.

사회적 학습 도구

토론 포럼이나 동료 검토 시스템과 같은 사회적 학습 도구를 교과서에 통합하여 협력 및 상호 작용 학습을 장려한다.

음성 인식 및 자연어 처리

음성 인식 기술 및 자연어 처리를 사용하여 학생들이 음성 명령을 사용하여 교과서와 상호 작용하거나 자연어로 질문할 수 있다.

개인화된 접근성 설정

텍스트 음성 변환, 대비 조정 및 글꼴 크기 조정과 같이 장애가 있는 학생을 돕기 위해 개인화할 수 있는 접근성 설정을 개발한다.

Q. 모두를 위한 맞춤형 교육이란 무엇인가?

【ChatGPT】

　모두를 위한 맞춤형 교육은 각 학생의 개별 요구와 강점에 학습 경험을 맞추는 데 중점을 둔 교육적 접근 방식이다. 이 접근 방식은 학습 경험을 보다 적절하고 의미 있고 개인화하여 학생 참여, 동기 부여 및 전반적인 학습 결과를 향상하려고 한다.

　개인화된 교육 접근 방식에서 교사와 교육자는 각 학생의 고유한 학습 요구, 관심 및 학습 스타일을 식별하기 위해 협력한다. 그런 다음 특정 요구 사항과 강점을 충족하는 교육 자료, 활동 및 평가를 설계한다.

　모두를 위한 맞춤형 교육은 혼합 학습 프로그램, 적응형 학습 기술 또는 프로젝트 기반 학습과 같은 다양한 형태를 취할 수 있다. 목표는 각 학생에게 자신의 필요, 선호도 및 학습 속도에 가장 적합한 학습 경험을 제공하는 것이다.

Q. 모두를 위한 맞춤형 교육을 위한 AI 디지털 교과서 아이디어 해커톤을 성공시키기 위해서는 무엇을 해야 할까?

【ChatGPT】

　성공적인 해커톤을 만들기 위해 다음과 같은 몇 가지 작업을 수행해야 한다.

테마와 목표 정의

프로젝트 참가자를 안내할 해커톤의 명확한 주제나 목표를 설정해야 한다.. 이렇게 하면 모든 프로젝트가 행사의 목표에 부합하는지 확인할 수 있다.

다양한 그룹의 참가자 모으기

다양한 개인 그룹을 해커톤에 초대한다. 여기에는 다양한 배경, 기술 및 관점을 가진 사람들이 포함된다. 이것은 다양한 아이디어를 창출하고 이벤트의 전반적인 창의성을 향상시키는 데 도움이 될 것이다.

적절한 리소스 제공

참가자가 기술, 인터넷 액세스 및 자료와 같은 필요한 리소스에 액세스할 수 있는지 확인한다. 이렇게 하면 모든 사람이 자신의 프로젝트를 효과적으로 수행할 수 있다.

명확한 지침 및 기대치 설정

해커톤에 대한 규칙, 기한 및 기대치를 명확하게 전달한다. 이렇게 하면 모든 사람이 같은 페이지에 있고 공통 목표를 향해 작업할 수 있다.

멘토링 및 지원 제공

참가자가 동기를 유지하고 발생할 수 있는 문제를 해결할 수 있도록 이벤트 전반에 걸쳐 멘토링 및 지원을 제공한다.

협업 및 네트워킹을 위한 공간 허용

참가자 간의 협업 및 네트워킹을 장려한다. 이를 통해 관계를 구축하고 아이디어와 경험을 공유할 수 있다.

이 지침을 따르면 해커톤을 성공적으로 개최할 가능성을 높일 수 있다.

Q. 모두를 위한 맞춤형 AI 교과서란 무슨 의미를 지니고 있으며 어떤 내용을 포함해야 할까?

【ChatGPT】

개인화된 AI 교과서는 모든 연령과 배경의 사람들이 인공지능에 대해 더 많이 배울 수 있도록 도와주는 적응형 맞춤형 리소스가 될 것이다. 이러한 교과서는 관련성 있고 매력적이며 접근이 가능한 콘텐츠로 개별 독자의 요구와 학습 스타일에 맞게 조정될 것이다.

개인화된 AI 교과서의 내용에는 기계 학습, 딥 러닝, 신경망 및 자연어 처리를 포함하여 AI의 핵심 개념과 원리에 대한 개요가 포함될 가능성이 크다. AI의 역사를 다루고 의료, 소매, 금융 및 제조와 같은 다양한 부문에서 AI의 적용을 탐색하고 AI의 윤리적 영향에 대해 논의한다. 교과서는 또한 AI 모델 및 응용 프로그램을 개발하는 방법에 대한 실용적인 조언을 제공하고 성공적인 AI 프로젝트의 사례 연구 및 예를 제공할 수 있다.

교과서를 진정으로 개인화하기 위해 AI 기술을 사용하여 독자의 관심, 지식수준 및 학습 스타일에의 적응이다. 예를 들어 대화형 퀴즈, 비디오 및 시뮬레이션을 통합하여 독자가 어려운 개념을 더 잘 이해하도록 돕거나 기계 학습 알고리즘을 사용하여 독자의 관심사에 따라 추가 읽기를 제안할 수 있다.

전반적으로 아이디어는 사람들이 AI 기술을 사용하고 혜택을 받는 데 필요한 지식과 기술을 개발하는 데 도움이 되는 매력적이고 효과적인 학습 경험을 만드는 것이다.

Q. 안전하고 신뢰 높고 감성적인 상호작용을 지원하는 AI 교재는 무엇인가요?

【ChatGPT】

안전하고 신뢰할 수 있으며 감성적인 상호 작용을 지원하는 AI 교과서는 개발자가 이 세 가지 요소를 우선시하는 인공 지능 시스템을 만드는 데 지침을 제공하는 리소스이다.

"안전"은 사용자와 사회 전체의 신체적, 정신적 안녕을 유지하는 것의 중요성을 의미한다. 여기에는 AI 시스템이 의도적으로든 의도하지 않게든 개인이나 그룹에 해를 끼치지 않도록 보장하는 것이 포함된다.

"신뢰할 수 있다"라는 것은 AI 시스템이 최소한의 오류, 결함 또는 기타 예기치 않은 동작으로 의도된 목적 내에서 일관되고 정확하게 수행되어야 함을 의미한다.

"감정적 상호 작용"은 AI 시스템이 공감, 연민, 심지어 유머를 포함하여 인간의 감정을 이해하고 적절하게 반응하는 능력을 의미한다. 인간의 감정과 효과적으로 교감할 수 있는 AI 시스템은 더 긍정적인 사용자 경험을 창출하고 AI 기술에 대한 전반적인 신뢰를 향상할 수 있다.

따라서 안전하고 신뢰할 수 있으며 감성적인 상호 작용을 지원하는 AI 교과서는 이러한 가치를 우선시하는 AI 시스템을 설계, 개발 및 배포하는 방법에 대한 지침을 제공하고 AI 개발을 위한 사례 연구, 모범 사례 및 윤리적 고려 사항도 포함한다.

Q. 누구나 접근과 활용이 쉬운 포용적 AI 교과서란 어떤 의미일까?

【ChatGPT】
누구나 쉽게 접하고 사용할 수 있는 포괄적인 AI 교과서는 다양한 배경과 지식수준을 가진 사람들이 접근하고 이해할 수 있도록 설계된 교과서를 의미한다. 여기에는 다양한 관점과 적용을 포함하여 명확하고 간결한 언어를 사용하고 오디오, 시각 및 촉각과 같은 접근 가능한 형식을 사용하여 여러 언어로 설명 및 예를 제공하는 것이 포함될 수 있다.

또한 포괄적인 AI 교과서는 이미지 및 다이어그램에 대한 대체 텍스트 옵션을 제공하고 스크린 리더 및 기타 보조 기술과의 호환성을 보장하는 등 장애인이 사용할 수 있도록 설계된다. 전반적으로 포괄적인 AI 교과서는 모든 사람이 AI에 대해 접근이 가능하고 공평하게 학습할 수 있도록 하는 것을 목표로 한다.

Q. AI 교과서는 교사를 어떻게 보조하며 도와줄 것인가>

【ChatGPT】
AI 교과서는 다음과 같은 다양한 방식으로 교사를 지원하고 도울 수 있다.

개인화 학습
AI 교과서는 학생 개개인의 속도와 이해도에 따라 맞춤형 학습 경험을 제공할 수 있다. 이것은 교사가 각 학생의 필요를 충족시키는 데 도움이 될 수 있다.

적응형 평가
AI 교과서는 학생의 성과에 대한 즉각적인 피드백을 제공하고 교사가 강점과 약점 영역을 식별하는 데 도움을 줄 수 있다.

자동 채점
AI 교과서는 과제와 퀴즈를 자동으로 채점하여 교사의 시간과 노력을 절약할 수 있다.

데이터 분석
AI 교과서는 빅 데이터를 캡처하고 분석하여 교사에게 각 학생의 학습 진행 상황에 대한 귀중한 통찰력을 제공하여 정보에 입각한 결정과 개입을 내리는 데 도움이 될 수 있다.

업무량 감소

AI 교과서는 데이터 채점 및 추적과 같은 수동 작업의 부담을 덜어 교사가 창의적이고 혁신적인 수업 계획을 개발하는 데 더 많은 시간을 할애할 수 있도록 한다.

접근성

AI 교과서는 언제 어디서나 접근할 수 있어 교사와 학생 모두 업데이트를 쉽게 확인할 수 있다.

전반적으로 AI 교과서는 교사와 학생 모두에게 교육을 보다 효과적이고 효율적이며 영향력 있게 만들 수 있다.

Q. 문제해결, 가치 창출, 경험의 확장을 지원하는 AI 교과서는 무엇을 의미하며 내용은 어떤 것을 포함하는가?

【ChatGPT】

문제해결, 가치 창출 및 경험 확장을 지원하는 AI 교과서는 일반적으로 인공지능, 기계 학습 및 데이터 과학과 관련된 주제를 다룬다. 내용에는 다음이 포함될 수 있다.

1. AI 소개 및 다양한 활용
2. 지식 표현 및 추론
3. 감독 및 비지도 학습과 같은 기계 학습 알고리즘
4. 자연어 처리
5. 컴퓨터 비전 및 이미지 인식

6. 시계열 분석 및 예측

7. 데이터 엔지니어링 및 데이터 관리

8. AI의 윤리와 편견

9. AI의 사례 연구 및 실제 적용

교과서는 AI의 실제 적용을 강조하고 AI가 어떻게 문제를 해결하고 가치를 창출하고 다양한 영역에서 경험을 확장하는 데 사용될 수 있는지에 대한 예를 제공한다.

교육개혁 성공에 따른 민심 잡기

선거는 반복된다. 새정치민주연합은 2012년 19대 총선부터 2014
년까지 모든 선거에서 패배했다. 민주당은 2016년 총선부터 2017
년 대선, 2018년 지방선거, 2020년 총선까지 내리 4연승을 거뒀
다. 그리고 2021년 4·7 재보선과 대선·지선까지 내리 3연패했다.
정치에는 영원한 승리도 영원한 패배도 없다.

　거대 양당의 패배에는 늘 공천 갈등으로 인한 공천 파동이 자
리 잡고 있다. 경선 룰을 놓고 계파와 세력 간 다툼·분열로 붕괴
하는 경우가 대부분이다. 국민에게 생산적 대안 세력으로 인정받
지 못하고 신뢰를 주지 못한 것이 근본적 패인이다.

　21대 총선에서 국민의 선택은 준엄했다. 유권자들은 야당을 심
판해 꿈의 숫자 180석, 슈퍼 여당 시대를 열어줬다. 하지만 1년 남
짓 남은 22대 총선에서 국민의 선택은 과연 어떨까. 개혁을 반대
하고 기득권 지키기에 안주하는 정치 세력이 심판받는 것은 짐작
할 수 있다.

　22대 총선에서도 180석 드립이 나올까. 매직 넘버가 180석인

까닭은 국회선진화법 무력화, 패스트트랙 지정, 필리버스터 중단, 군소 정당 협조 없이도 법안 강행 처리가 가능하다. 국회 본회의에서 개헌만 빼놓고 과반수 출석 과반의 찬성으로 의결되는 대부분 법안을 통과할 수 있다.

그렇다면 180석을 얻으려면 어떻게 해야 할까.

국민의 마음인 민심을 얻어야 한다. 민심은 여론이다. 민심은 생물이기에 일정하지 않고 늘 변한다. 한쪽을 전폭 지지했다가도 언제 그랬냐는 듯 금방 등을 돌리기 일쑤다. 민심은 무척 변덕스러운 조변석개(朝變夕改)와 같다. 하지만 변하지 않는 명확한 흐름이 있다. 그것은 권력에 대한 견제다.

민심을 얻는 방법은 무엇일까?

첫째, 민심의 속내를 알아야 한다. 국민 현장 속으로 빠져들어 가야 민심을 읽을 수 있다. 민심의 물길을 거슬리려 하지 말고 막힘없이 흘러갈 수 있도록 정치를 해야 한다. 국민이 원하는 것은 무엇인지, 싫어하는 것은 무엇인지 잘 파악해야 한다. 성난 민심을 감당할 수 없기 때문이다. 민심의 흐름을 모르는 사람은 정치를 할 자격이 없다.

둘째, 착각과 오만은 금물이다. 민주당은 4연승 후 20년 집권이라는 착각과 오만에 빠졌다. 촛불 혁명으로 탄생한 정부는 공정과 정의를 표방했지만, 과정과 결과 전부 공정하지 못했다.

그들만의 리그에서 공정하다는 착각에 빠져 민심의 들끓는 소리를 외면했다. 마르고 닳도록 공정과 상식을 얘기하지만, 별반 다르지 않다. 국민은 진보든 보수든 권력 독점과 오만은 절대 용납하지 않는다. 겸손해야 한다.

셋째, 새로운 인재 등용이다. 국민은 참신하고 새로운 인재 발탁을 원한다. 산업화 시대는 군 출신, 민주화 시대는 운동권 세력이 권력의 중심이었다. 기술 경제 패권 시대는 중국과 같이 이공계 전문가가 나서야 지속적인 발전을 할 수 있다. 10년 전 국정운영 방식을 답습해서 해결될 일은 아무것도 없다. 어느 특정 출신이 너무 많이 분포되면 견제와 균형이라는 원리가 작동하지 않아

자멸의 길로 들어서게 된다.

넷째, 경제위기 극복이다. 반도체가 수출 전체에서 차지하는 비중이 너무 높다. 경제위기 탈출을 위해서는 고용 창출 효과가 높은 교육 등의 미래 산업에 선택과 집중해야 한다. 재정을 인적자본 육성에 투자해야 잠재 성장률을 높일 수 있다. 이러한 투자를 기반으로 AI 융합 분야에 집중해야 한다. 지속적 발전을 위해선 교육개혁을 통해 2026년까지 창의성 있는 미래 디지털 인재 100만 명(초급 16만, 중급 71만, 고급 13만)을 양성해야 한다.

다섯째, 성과를 내야 한다. 정책 발표가 말로만 그쳐서는 국민을 설득할 수 없다. 정책은 국민이 피부로 느끼는 성과로 이어져야 한다. 향후 1년 안에 구체적·가시적 성과를 내야 한다. 시간은 화살과 같다. 머뭇거리다간 화살처럼 지나간다. 내년 총선까지 어떻게 보내느냐가 중요하다. 주어진 시간은 많지 않다, 국정운영을 미래 성장 동력 강화로 과감하게 전환해야 한다.

여섯째, 어젠다와 미래 비전 선점이다. 민심을 잡으려면 진영·

세대를 떠나 국민 모두 예민하게 반응하는 이슈를 먼저 잡아야 한다. 정국을 주도하려면 어떤 어젠다를 선점하느냐가 중요하다. 이를 통해 국민의 인식을 새롭게 형성하거나 변화할 수 있다.

수많은 현안에서 우선순위를 정해 선택과 집중해야 한다. 지금 세계는 디지털·에너지 대전환에 나서고 있다. AI 뉴 코리아 시대를 열어갈 미래 비전을 제시해야 한다.

마지막으로 사고 수습 역량이다. 무엇보다 국민의 안전 관리는 중요하다. 참사가 터진 후 책임자의 말과 태도, 진심 어린 사과와 책임지는 모습을 보이는 것이 우선이다. 책임져야 할 자리에 있는 공직자는 즉각 사과하거나 책임을 지고 물러나야 한다. 책임을 회피하기에 급급하면 이때부터 정국은 꼬인다. 사태 수습에 대한 진정성과 재발 방지에 대한 구체적인 비전 제시가 핵심이다. 인사조처와 사과 타이밍에 따라 사태가 수습되고 진정될 수 있다. 정치는 타이밍이다.

어차피 하반기부터 정국은 내년 총선 국면으로 흘러가게 된다.

국민에게 어필할 시간이 많이 남지 않았다는 얘기다. 내년 총선에서 국회 권력의 오만에 대한 엄중한 심판일지, 아니면 국정운영에 대한 중간평가 성격을 지닐지.

2024년 4월 10일 열릴 뚜껑의 결과가 흥미진진하다. 동서고금을 막론하고 민심을 얻어야 승자가 될 수 있다는 것이 역사적 교훈이다. 교육 정책은 총선과 밀접한 연관이 있다. 국회가 예산 심의권이 있기 때문이다. 모든 교육의 전문성은 교육의 어젠다만 있지 않고 그 교육을 통해 둘러싼 정치 환경에 대한 전문성도 중요하다. 민심 잡으려면 교육개혁에 성공해야 한다. (2023.03.04. 네이버 블로그)

에필로그

세계에서 ChatGPT를
가장 잘 사용하는 나라 만들기

세상이 급변하고 있는 것은 AI 기술이 비약적으로 발전하고 있기 때문이다. 지금은 생성형 AI인 ChatGPT 등장으로 떠들썩하지만, 조만간 ChatGPT를 뛰어넘는 SuperGPT 가 등장할 것으로 확신한다. 영화 아이언맨에서 토니 스타크는 AI 비서 자비스의 도움을 받는다. AI 비서 자비스는 지시만 내리면 자동으로 알아서 해킹이나 전투까지 모든 일을 척척 해낸다. 사람 비서 수백 명보다 일을 빠르고 정확하게 처리한다. ChatGPT보다 더 센놈인 AutoGPT가 나타났다는 소식까지 들린다. 이제 ChatGPT는 선택이 아닌 필수적으로 잘 활용해야 글로벌 경쟁에서 앞설수 있다. 교육개혁의 목표는 '세계에서 ChatGPT를 가장 잘 사용하는 나라를 만들기'가 되어야 한다. ChatGPT를 교육에 활용하면 학습에 혁명적인 변화가 일어난다. 필자는 교육의 시대를 ChatGPT 이전과 이후로 나뉠 것으로 확신한다. 교육개혁의 성공은 ChatGPT 활용 여부에 달렸다.

P.S.

사랑하는 雅悧! 어느 날 갑자기 찾아온 이별의 그날을 잊을 수가 없다. 우리의 목숨 대신 犧牲하며 무지개다리를 건넌지 어느덧 5년이 흘렀구나. 雅悧는 항상 우리 가슴 속에 살아있다. 사랑하는 雅悧와 인생의 동반자 아내 金延貞 님께 결혼 30주년 기념으로 이 책을 바친다.

나에게

벼는 익을수록 고개를 숙인다. 인생 어느덧 60년을 살아오면서 느낀 것은 너무 부족하다는 것이다. 살아온 날보다 살아가야 날들이 적기에 자연의 섭리에 따라 순응하며 세상에 봉사하며 겸손과 배려의 삶을 살겠다고 다짐한다. 비록 보이지는 않더라도 엄연히 존재하는 것은 인연(因緣)이다. 졸저를 통해 귀중한 분과의 맺은 인연을 소중히 여기며 살아갈 것이다. 지금까지 8권의 책을 집필

했다. 인생은 9988이라고 한다. 앞으로 몇 권을 낼지 모르겠지만 마지막 책은 회고록이 될 것이다.

고마운 분들

상업성이 부족한 이 책을 저자와의 첫 만남에서 흔쾌히 허락해주시고 떠맡아준 휴먼필드 출판사와 책을 구매해주신 모든 분, 경기도교육연구원 가족 여러분께 깊은 사의를 표한다.

2023. 04. 23.
저자 朴正一

ChatGPT 시대에 묻는 교육의 미래

—

초판발행 2023. 5. 17.

—

지 은 이 박정일
펴 낸 곳 휴먼필드
출판등록 제406-2014-000089
주　　소 경기도 파주시 탄현면 장릉로 124-15
전화번호 031-943-3920 　**팩스번호** 0505-115-3920
전자우편 minbook2000@hanmail.net

—

—

ISBN 979-11-92852-01-0 03370

—